돈은 모든 것을 바꾼다

돈은 모든 것을 바꾼다

김운아 지음

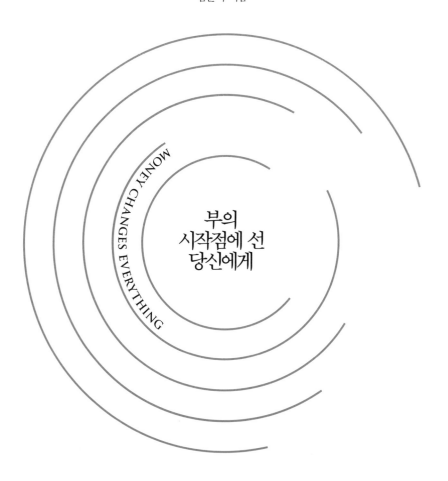

MONEY CHANGES EVERYTHING

부의
시작점에 선
당신에게

한국경제신문

가난이
추억이 되려면

엄마처럼 살지 않을 거야

우리는 사는 동안 돈과 관련한 많은 문제를 만난다. 돈이 충분하다면 겪지 않아도 됐을 일들이다. 하지만 돈은 늘 부족하고, 그러다 보니 돈이 인생의 원수처럼 느껴진다. 나에게도 그런 시절이 있었다.

아빠는 건설 현장에서 일하셨다. 일하러 오라면 오고, 가라면 가는 일용직 노동자였다. 정해진 출근일이 없으니 당연히 정해진 월급날도 없었다. 다섯 식구가 먹고살기에 아빠의 벌이는 턱도 없이 부족했다. 일만 하고 돈을 못 받는 날도 부지기수였다. 엄마는 생계를 위해 보험설계사부터 마늘 까는 부업까지 가리지 않고 일을 하셨다.

엄마가 일하러 나가시면 집안일은 장녀인 내 몫이었다. 일곱 살 되던 해부터 빨래, 설거지, 청소는 기본 3종 세트였고, 막냇동생 기저귀도 갈아줘야 했다. 그중에서 제일 힘들었던 한 가지를 꼽으라면 단연코 연탄 같다.

숙제하다 보면, TV 보다 보면, 놀다 보면 깜빡하기 일쑤였고, 아차 싶을 땐 이미 연탄이 싸늘하게 식어 있었다. 연탄불을 다시 살리려면 번개탄에 불을 피워야 했는데 그게 참 무서웠다. 어린 시절 기억 속 겨울은 유독 길고 추웠다.

같은 여자라서 드는 마음이었을까. 밤낮으로 일하는 엄마가 불쌍했다. 넉넉한 남편을 만났다면 어땠을까. 아니, 벌이는 시원치 않더라도 다정한 남편이었다면 좋았을 텐데, 어린 내 눈에 아빠는 가족보다 술을 더 좋아하는 것처럼 보였다. 두 분은 점점 다툼이 늘었고, 항상 아빠의 버럭 소리로 끝이 났다.

가족들은 아빠를 피해 다녔다. 가난은 가족관계에, 연인관계에, 누군가의 인생에 걸림돌이 될 수 있다는 걸 한글보다 먼저 깨쳤다. 우리 가족에겐 희망이 없었다. 그저 매일매일 끝이 보이지 않는 캄캄한 터널을 헤맬 뿐이었다. 그것도 '함께'가 아닌 '각자'로.

열두 살의 내가 엄마에게 물었다.

"엄마, 왜 아빠랑 같이 살아? 나라면 헤어지고 능력 있는 사람 만날 것 같아."

엄마는 당황한 표정으로 되물었다.

"엄마가 없으면 너랑 동생들은 누가 키워? 너희들만 없으면 엄마도 그랬을지 모르지."

"그래? 그럼 우리 걱정하지 말고 아빠랑 헤어져. 우리보다 엄마 행복이 더 중요하잖아."

엄마는 한참이나 말이 없었다.

"엄마는 그렇게 못해. 낳았으니까 끝까지 책임을 져야지. 아빠도 열심히 일하시니까 조금씩 나아질 거야. 우리 딸, 쓸데없는 생각 말고 열심히 공부해. 그래야 좋은 대학 가고 좋은 회사에 취직하지. 엄마처럼 살지 말고 멋지게 살아."

그때 다짐했다. 엄마 같은 인생을 살지 않겠다고.

그런데 문제가 있었다. 나는 공부에도, 예체능에도 소질이 없었다. 타고난 천재가 아니라면 피나는 노력이라도 해야 했는데 둘 다 아니었다. 질풍노도의 청소년기를 보낸 후, 수능 점수에 맞춰 대학에 입학했다. 좋은 대학, 좋은 회사, 멋진 인생이라는 연결고리는 시작부터 삐끗했다.

대학을 졸업하고, 취업을 핑계로 도망치듯 서울에 올라왔다. 바닥에는 바퀴벌레가 기어다니고 천장에는 쥐가 뛰어다니는 집에서 탈출하고 싶었고, 여름이면 구더기가 들끓는 재래식 화장실이 지긋지긋했다. 의지할 만한 친인척도, 친구도 없던 때라 고시원에 들어갔다. 책상 하나 침대 하나로 꽉 찬 한 평 남짓한 방 안에서 온종일 이력서를 썼다.

그렇게 두 달여가 흘렀지만 취업은 여전히 묘연했다. 잠깐씩 포기할까 하는 마음도 들었지만, 엄마를 마주볼 자신이 없었다. 집만 떠나면, 서울만 보내주면 다 잘할 수 있을 것처럼 큰소리를 쳤기에, 더더욱 빈손으로 갈 수 없었다. 무엇보다 그 집에서 다시 살 자신이 없었다. 내겐 차라리 고시원이 훨씬 아늑한 집이었다.

연이어 취업에 실패하자 가슴이 답답했다. 바람이라도 쐴 겸 남산에 올랐다. 수많은 빌딩과 아파트의 불빛으로 화려하게 빛나는 서울의 야경이 한눈에 들어왔다.

'저렇게 많은 빌딩 중에 나 하나 일할 곳이 없을까?'

'설마 저 많은 아파트 중에 나 살 곳 하나 없을까?'

포기하고 싶지 않았다. 될 때까지 버티기로 마음먹었다. 넉 달쯤 지났을까. 계약직으로 취업이 됐다. '열심히 일하고 배우면 더 좋은 곳으로 이직할 수 있을 거야'라며 스스로를 다독였다. 하지만 1년도 안 돼 자의가 아닌 타의로 다시 취준생이 됐다.

고민 끝에 재취업 대신 대학원에 갔다. 스펙을 높이면 지방대 콤플렉스도 벗고, 인생도 조금은 쉬워질 것 같았다. 2년 반을 고생고

생해서 간신히 졸업했다. 석사 학위도 있으니 대기업에 취업할 수 있을 거라는 부푼 희망을 안고 이력서를 넣었다. 하지만 이번에도 서류조차 통과 못하기를 반복했다. 두어 달을 전전긍긍하다 교수님의 소개로 간신히 소규모 벤처기업의 신입사원이 됐다. 대학원을 졸업했지만 쉬워진 것도 나아진 것도 전혀 없었다.

월급은 세금을 제외하면 180만 원 남짓이었다. 알뜰하게 살려고 가계부도 쓰고 적금도 들었다. 한 푼 두 푼 모아서 1,000만 원도 모으고, 3,000만 원도 모으고 싶었다. 한데 마음처럼 쉽지 않았다. 월세, 공과금, 식비만으로도 허덕이는데 대학원 학자금대출과 카드 값까지 빚이 계속 늘었다. 번번이 몇 달 넣지도 않은 적금을 깨서 카드 값을 냈다. 지겹도록 싫었던 가난은 어느새 가랑비처럼 스며들었고, 나는 가난에 점점 길들고 있었다.

돈은 항상 부족했다. 매달 카드 값과 고정비가 빠져나가고 나면 통장은 삭막하기 그지없었다. 반복되는 경제난에 지쳐갈 즈음 운 좋게 결혼을 했다. 맞벌이로 소득이 두 배가 됐다. 때마침 이직도 해서 연봉도 높아졌다. 하지만 각종 고정비가 따라 늘면서 여전히 여유는 없었다. 아이가 태어나자 살림은 더 팍팍해졌다.

육아휴직이 끝나갈 무렵, 몇 날 며칠 가계부를 들여다보고 계산기를 두드렸다. 한 사람 월급으로 먹고살 수 있다면 퇴사를 하고 싶었지만, 선택의 여지는 없었다. 시어머니께 아이를 맡기고 복직을 했다. 급작스레 엄마와 떨어진 탓인지 아이는 분유도 얼마 못 먹고 종일 울어댔다. 울다 지쳐 잠들고, 깨어나면 다시 울기를 반복했다.

결국 시어머니는 아이를 둘러업고 회사로 찾아오셨다.

"지금 민호 데리고 회사 앞에 와 있는데 잠깐 나올 수 있니?"

아이를 건네받아 회사 앞 카페 구석에 앉아 수유를 하고 있자니 온갖 생각이 들었다.

'이렇게 사는 게 맞나? 언제까지 이렇게 살아야 할까? 과연 끝은 있는 걸까?'

아직도 어린 시절 그 캄캄한 터널에 갇혀 있는 듯했다.

출근할 때마다 퇴사하고 싶은 마음이 올라왔다. 아픈 아이를 두고 나올 때, 우는 아이를 품에서 떼어놓을 때, 밤중 수유 때문에 한 시간마다 일어나야 할 때, 두 자아가 전쟁을 일으켰다.

'없으면 없는 대로 살면 되지. 아이보다 돈이 중요해? 그만두자.'

그러면 또 다른 자아가 말했다.

'지금 그만두면 능력 없는 부모가 될 거야. 부모님처럼 되지 않겠다고 했잖아. 버텨야 해.'

둘은 끊임없이 다투었다. 어떤 선택도 마음에 들지 않았다. 답이 없는 고민을 반복하며 또다시 버티기를 하고 있었다. 어린 시절 내 엄마도 지금의 나처럼 그저 버텨왔다는 걸 뒤늦게 깨달았다. 엄마처럼 살지 않으려 할수록 점점 더 엄마의 인생을 닮아가고 있었다.

금수저 안 부러운 언니수저

태어나 보니 흙수저였다. 아니 수저가 없는 거나 마찬가지였다. 그런데 2012년 가을, 금수저보다 더 좋은 수저가 생겼다. 바로 '부자 언니 유수진', 언니수저다.

우연히 한 방송에서 부자언니를 보았다. 부자언니는 누구라도 부자될 수 있다고, 서울대 가는 것보다 부자되는 게 쉽다고 확신에 찬 표정으로 말했다. 그 순간 부자언니에게 빨려 들어가듯 매혹되었다. 그날 이후 부자언니와 혼자만의 연애가 시작됐다. 매일 아침 눈을 뜨자마자 부자언니 커뮤니티에 들어갔고, 아무리 바빠도 부자언니 강의는 빼놓지 않고 들었다. 혹여 다른 일정과 겹치면 당연히 강의가 먼저였다. 세 살, 한 살 아들은 남편에게 맡겨둔 채 말이다.

부자언니의 강의를 들으면 설레었다. 곧 부자가 될 것만 같았다. 세 시간을 꼿꼿한 자세로 쉬지 않고 강의를 하는 언니에게서 형언할 수 없는 진심이 느껴졌다. 좋은 펀드라며, 좋은 상품이라며 추천만 해주고 관리는 일절 없는 금융사 직원들과는 차원이 다른 자산관리사였다. 아니, 이 언니는 내가 부자되길 바라는 찐 언니였다.

그렇게 몇 년 동안 한 번도 빠짐없이 강의를 듣고, 배운 대로 실천했다. 언니한테 배운 대로 산 지 10년이 넘었다. 이제 재테크는 나의 최애 취미다. 이렇게 말하면 사람들은 묻는다.

"많이 버셨나 봐요. 자산이 얼마나 되세요?"

수백 억 자산가에 비하면 귀여운 수준이지만, 부자언니를 만나기 전에는 상상도 못한 자산을 갖게 되었고 2020년에는 드디어 회사를 그만두었다. 선택지가 생긴 것이다.

자산과 함께 인생도 드라마틱하게 성장했다. 더는 무능력한 부모가 될까 봐 전전긍긍하거나, 끝없는 노동에 지쳐 우울해하지 않는다. 자산이 늘자, 자존감도 높아졌다. 가난했던 시절은 추억이 되고, 콘텐츠가 됐다. 이쯤 되면 언니수저라고 할 만하지 않나.

그렇게 돈은 나의 인생을, 아니 가족의 인생까지도 함께 바꾸었다. 실수로 태어난 인생이라고, 마지못해 사는 인생이라고 스스로를 괴롭히며 살던 내가, 모든 순간에 감사함을 느끼게 되었고, 더 나은 사람이 되고자 부단히도 나를 돌아보며 살게 되었다.

경제적인 여유가 마음의 여유를 주었고, 그러면서 과거의 김운아들이 눈에 들어오기 시작했다. 선택할 수 없는 인생을 사는 수많은 딸과 엄마들 말이다.

하루 5분의 자기 시간도 없이 일하고, 살림하고, 희생하는데도 미래가 보이지 않는 엄마들. 아이를 위해서, 가족을 위해서 부자가 되고 싶다는 엄마들. 부자가 돼야 하는 이유에 자기 자신은 없는 이들이 눈에 밟혔다.

어느 날 부자언니가 내게 다가왔던 것처럼, 나도 누군가에게 언니가 돼주고 싶다. 혼자가 아니라고, 같이 가자고 말해주고 싶다. 포기하지 말고 함께하자고 얘기하고 싶다. 그래서 책을 쓰기 시작했다.

요즘은 투자 정보가 넘쳐난다. 과거에 비하면 수많은 방법과 정보를 쉽게 접할 수 있다. 그렇지만 여전히 평범한 사람들에게 부자 되기란 희망고문일 뿐이다. 재테크 책도 읽고, 경제 기사도 읽고, 커피 한 잔도 아껴가며 악착같이 살고 있지만, 부자의 길은 멀기만 하다. 친구 따라 주식투자도 해보고, 돈 들여 부동산 강의도 들어보지만 별다른 소득은 없고 제자리걸음만 하거나 되레 뒤처지는 기분만 들었다면 이 책으로 새롭게 시작하길 권한다.

이 책은 지속할 수 없는 절약 노하우나 따라 할 수 없는 투자 스킬을 이야기하지 않는다. 부자가 되려면 어떻게 살아야 하는지, 당장 시작할 수 있는 일부터 앞으로 꾸준히 해야 할 일들을 담았다. 그 과정에서 어떤 어려움들이 있는지, 어떻게 그 어려움들을 넘길 수 있는지, 안개가 걷히고 나면 선명해질 부자의 삶을 이야기하고자 했다.

경제적으로 힘든 상황이라면, 답을 찾아 헤매고 있다면 나의 여정을 통해 위로받고, 용기를 내고, 부자의 삶을 향해 방향을 돌리기를 바란다. 이 책이 지쳐 포기했던 이들에게 다시 시작할 힘을 줄 수 있기를 바란다. 지금보다 나은 삶을 꿈꾸는 모든 이들에게 나침반 같은, 지도 같은 안내서가 되길 바란다. 그래서 10년 뒤에는 지금의 힘듦이, 고난이 한때의 추억이 될 수 있기를 바란다.

그날이 올 때까지 당신의 곁에 러닝메이트로 함께 있고자 한다. 그러니 오늘 첫 발자국을 떼어보자. 분명 모든 것이 바뀔 것이라고 확신한다.

MONEY CHANGES EVERYTHING

돈은
모든 것을
바꾼다

차례

3장

과정

부자가 된다는 것은 한 사람이
다시 태어나는 과정이다

4장

발전

자본소득과 노동소득의 시너지가 날 때
한 계단 올라갈 수 있다

5장
__결과__   돈은 모든 것을
바꾼다

○ 1장 ○

MONEY CHANGES EVERYTHING

시작

다른 미래를 꿈꾼다면,
지금 새롭게 시작해야 한다

1

MONEY CHANGES EVERYTHING

왜 매번 부자되겠다는
결심만 할까?

결심인 줄 알았던 희망

둘째 아들이 생후 6개월이 되던 2012년 가을, 내게는 매우 심각한
고민이 하나 있었다. 바로 퇴사냐 복직이냐였다. 3년 전 첫째 때도
같은 상황이었는데, 답은 정해져 있었다. 일하는 엄마가 아닌, 일해
야만 하는 엄마. 한 가지 길뿐이었다.

첫째는 어린이집에 가 있고, 둘째는 잠들어 있는 꿈 같은 자유 시
간. 머릿속은 퇴사와 복직 사이에서 갈팡질팡인 채, 한 손으로 청소
기를 밀고 다른 손으론 휴대전화를 보고 있었다. 인터넷 검색을 하
던 중 동영상 하나가 시선을 사로잡았다. 연봉 6억 원의 자산관리

사 유수진의 재테크 강의였다. '부자가 되면 퇴사냐 복직이냐 하는 고민은 안 해도 되겠지'라는 생각이 자연스럽게 동영상을 클릭하게 했다.

"누구라도 부자될 수 있습니다. 서울대 가기보다 쉬워요."

"부자되는 공식이 있어요. 여러분은 그걸 모를 뿐이에요. 이제부터 제대로 배우시면 됩니다."

어느새 청소기는 바닥에 내려놓고, 거실 한가운데에 선 채로 강의를 들었다.

"부자가 되려면 일단 부자가 되기로 마음먹어야 해요. 서울대를 가겠다는 목표 없이 서울대에 갈 수 없듯이, 부자가 되겠다는 목표 없이 부자가 될 수는 없어요."

순간, 단전에서부터 강한 깨달음이 올라왔다.

가난했던 어린 시절 덕에 항상 돈에 대한 결핍이 있었다. 부자가 되고 싶었고, 그들의 삶을 동경했다. 운동장처럼 넓은 거실의 한강이 보이는 집, 지붕 없는 빨간 스포츠카, 값비싼 보석과 명품을 휘감은 화려한 인생을 상상했다. 엄마처럼 가난하고 궁상맞게 살지 않겠다고 매일 밤 이불 속에서 다짐, 또 다짐했었다.

그게 전부였다. 부자가 되고 싶었을 뿐, 부자가 되겠다고 결심하지 않았다. 지금과 다른 인생을 꿈꿨다면, 다르게 살았어야 했다. 그런데 오히려 결핍을 돈으로 메워가면서 살았다. 부자도 아니면서 부자처럼 소비를 했다. 드라마 〈사랑의 불시착〉 여주인공 세리인 양 신용카드를 긁어댔다. 당연히 매달 카드 값에 허덕였고, 종잣돈 대신 카드빚이 차곡차곡 늘어갔다.

당장 다음 달 카드 값 걱정에 퇴사는 언감생심 꿈도 못 꿀 일이었다. 억지로 출근하려니 비 오는 날, 눈 오는 날, 추운 날, 더운 날, 모든 날에 회사가 싫었다. 마음은 천근이고 몸은 만근이었다. 회사와 나는 N극과 N극처럼 상극이었다. 시키는 일은 꼬박꼬박 하고, 야근과 주말 출근도 군소리 없이 했지만, 태도가 좋지 않으니 매년 승진에서 탈락했다. 급기야 어린 친구들보다도 직급이 낮아졌다. 악순환의 반복이었다.

퇴사하고픈 마음이 간절했지만, 간절함은 아무것도 바꾸지 못했다. 자존심이 상하는 건 찰나일 뿐이었다. 며칠 지나면 승진 탈락의 기억은 희미해졌다. 일상의 스트레스가 퇴사의 간절함을 잊어버리게 했다. 힘들고 지친 마음을 소비로 달래니 결국 남는 건 카드 값이고, 그렇게 번번이 월급의 노예가 됐다. 성취도 성장도 없이 한 달 벌어 한 달 살기에 급급했다.

부자언니는 알려줬다. 지긋지긋한 가난을 벗어나지 못한 이유를. 만년 대리였던 이유를. 내겐 부자가 되겠다는 결심도, 승진하겠다는 결심도 없었다. 그저 막연한 희망일 뿐이었다.

우리는 생각보다 간절하지 않다

결심이라면 진즉에 수없이 했는데, 누구보다 간절한데 왜 나는 여태 부자가 안 됐냐고 묻는다면 이렇게 답을 하련다. 부자가 되고 싶다는 생각은 '희망'이지 '결심'이 아니라고.

둘은 분명히 다른데, 그 차이는 '목표'와 '실행'에 있다. 그리고 목표는 반드시 (부자언니의 표현에 의하면) '핏빛'이어야 실행을 불러온다. 선명하고 간절해야 한다는 의미다.

사람들에게 부자가 되고 싶은 이유를 물어보면 '안정된 노후를 위해서', '부모님께 효도하고 싶어서', '자녀가 원하는 걸 해주고 싶어서' 등등을 말한다. '자유로운 해외여행'이나 '경제적 자유'도 단골손님이다. 하지만 안타깝게도 행복하고 여유로운 삶을 위한 목표들은 우리를 부자로 만들어주지 못한다.

해외여행이나 아이가 원하는 장난감, 부모님과의 호텔 식사는 지금이라도 가능하다. 카드를 긁는 작은 용기만 있으면 된다. 그래서 여차하면 당장의 행복과 여유를 위해 돈을 소비한다. 곧 후회하고 마음을 다잡지만, 오래가지 않는다. 여지없이 돈을 써야 할 일이 생긴다. 소비하고 후회하고의 반복이다.

그렇다면 '건물주'나 '경제적 자유'와 같은 목표는 어떨까? 목표 자체는 훌륭하다. 문제는 대부분이 '희망'이라는 점이다. '○○구

○○동의 ○층짜리 건물'로 뚜렷한 목표를 정하고, 시세와 대출, 매입자금, 세금 등을 구체적으로 파악해서 어떤 준비와 실행으로 건물주가 될지 계획하는 사람은 거의 없다. '건물주가 되려면 수십억 원은 있어야겠지'라고 막연히 생각할 뿐이다. 끝을 정해두지 않고 마라톤을 하는 격이니 조금만 지쳐도 포기하고 싶은 건 당연지사다.

그렇다면 '3년 만에 1억 원 만들기', '10년 안에 10억 원 만들기', '자본소득으로 월 1,000만 원 벌기'와 같은 목표는 어떨까? 상당히 구체적이고 명확하다. 문제는 결심을 유지하기 어렵다는 데 있다. 평범한 우리는 작심삼일이 기본이다. 조금 길어 봐야 작심석달이다.

고등학교 때 《수학의 정석》에서 집합만 무한반복으로 풀던 것처럼, 결심에서 진도가 나가지 않는다. 몸이라도 아프거나 혹은 다치거나, 해고되거나, 친구들과의 비교 등등으로 스트레스까지 덮친다면 실행으로 옮기기가 더욱 어려워진다.

시간이 흐를수록 핏빛 목표는 핑크빛으로 옅어지게 마련이고, 의지박약의 평범한 우리를 찾아오는 것은 호환마마보다 무서운 요요현상과 엄청난 속도로 사라지는 통장 잔고다.

꾸준하게 간절함을 유지하는 건 원래 어려운 일이다. 대부분은 스쳐 지나가는 순간의 간절함일 뿐이다. 부자는 되고 싶지만, 남들다 가는 여행, 남들 다 가는 맛집, 남들 다 갖는 명품, 어느 하나 포기할 수 없다. 부자가 될 미래보다 당장 부자처럼 보이는 삶을 좇는다. 결국 남는 건 종잣돈이 쌓인 통장이 아니라 추억 돋는 사진과 온갖 것들로 꽉 찬 옷장, 그리고 늘어난 체지방이다.

"몇 년 전에 《부자언니 부자특강》 읽고 의지에 불타올랐는데 어느 순간 내려놓게 됐어요. 다시 시작해보려고 합니다."

"열심히 모으고 있었는데, 결혼하고 아이 낳고 살다 정신을 차려보니 빚만 늘었어요. 다시 열심히 해보려고요."

매일 새로운 사람들이 재테크 결심을 하지만, 매일 더 많은 사람이 다시 시작하겠다고 다짐한다. 재다짐에 재재다짐의 연속이다. 새로운 마음으로 다시 시작하지만, 나이는 더 들고 재정은 더 나쁜 상황에서 시작한다. 부자가 되기로 결심하고, 핏빛 목표를 세우고, 의지를 갖추고 실행하는 게 이렇게 어려운 일이라면 이번 생은 글러먹은 걸까?

절대 그렇지 않다. 아직 선명한 목표를 찾지 못했어도, 결심만 반복하고 이룬 게 없어도 괜찮다. 우리를 부자의 길로 먹살 잡고 끌고 가줄 강력한 방법이, 매직이 있다. 이번만큼은 도돌이표 같은 재테크를 끝내고 부자의 삶까지 완주할 수 있으니 호흡부터 가다듬자.

재테크는
쇼핑이 아니다

설명 좀 들었으니 아는 것에 투자했다는 착각

투자 좀 해본 사람이라면 누구나 아는 명언이 있다. 바로 아는 것에
만 투자하라는 말이다. "에이, 그 정도는 기본이고 당연한 얘기지!"
라고 하겠지만 본래 기본이 제일 어렵다.

친구나 동료 따라서, 혹은 전문가가 추천해서 투자한 경험, 누구
나 한 번쯤 있게 마련이다. 꼭 사기를 당해야만, 수천만 원을 잃어
야만 '모르고 한 투자'가 되는 건 아니다.

재테크에 열정이 뜨겁던 신혼 시절, 증권사 직원에게 ELS라는 걸
추천받았다. 처음 들어보는 상품이었다. 직원은 주식이나 펀드보다

손실 볼 확률이 낮고, 시장이 안정적으로 상승하면 꽤 높은 확정 수익을 얻을 수 있다고 했다.

주식은 무서워서 못하고 적금 이자는 푼돈같이 느껴지던 때라 꽤 매력적으로 다가왔다. 열심히 직원의 설명을 들었다. 약 5분 뒤, 나는 ELS 가입 서류에 스스로 사인을 하고 있었다.

5개월쯤 지났을까. 전세 보증금을 올려줄 돈이 필요했다. 증권사에 가서 당당하게 ELS를 해지해달라고 말했다.

"ELS는 해지가 안 되는데요, 고객님."

"네? 왜요?"

"고객님이 가입하신 ELS는 6개월에 한 번씩 조기 상환 평가를 해서 조건에 만족하지 못할 경우는 최대 3년 만기까지 기다리셔야 합니다."

내 돈을 원할 때 찾을 수 없다는 사실에 1차로 분노했다. 곧이어 제대로 알지도 못하고 투자를 했다는 사실에 2차로 분노했다. 분명 설명을 꼼꼼히 들었고, 다 이해했다고 생각했지만 큰 착각이었다.

2008년 미국발 금융위기를 기억할지 모르겠다. 위기가 터지기 전, 코스피는 매일같이 불을 뿜었다. 사람들은 모이기만 하면 주식 이야기, 수익률 자랑을 했다. 며칠 만에 20% 벌었다는, 한 달 만에 100% 벌었다는 성공 사례가 매일 점심에 반찬으로 등장했다.

어느 날 문득 나만 멍하니 있다는 불안감이 들면서 무언가에 이

끌리듯 펀드에 가입했다. 차라리 주식을 사라는 동료의 말에는 이렇게 답했다.

"주식은 위험하잖아요. 펀드는 전문가가 운용해주니까 덜 위험하고요."

일주일 만에 수익률이 15%가 됐다. 투자, 별 거 아니구나 싶었다. 가지고 있던 목돈을 차이나펀드, 유로펀드, 브릭스펀드 등등에 적립식과 거치식으로 나눠 고루 가입했다.

글로벌 경제도 모르면서 이토록 글로벌한 펀드 가입이라니. 그땐 이런 게 분산투자인 줄 알았다. 똑똑한 척 남편에게 자랑도 했다. 곧 1억 원 모으겠구나 싶었다.

하지만 장밋빛 꿈은 오래가지 못했다. 가입한 지 한 달도 안 돼 코스피가 갑자기 추락하기 시작했다. 며칠 전만 해도 주식시장이 급등에 급등을 해서 브레이크가 걸렸는데, 이제는 추락에 추락을 해서 브레이크가 걸렸다. 추락은 급등보다 더 무서운 속도로 달리는 것 같았다.

펀드 수익률은 서로 경쟁하듯 마이너스를 갱신해나갔다. 주식보다 안전한 줄 알았던 펀드 계좌에 −90%가 찍혔다. 뭘 어떻게 해야 할지 종잡을 수 없었다. 그냥 기억 저편으로 보내는 수밖에 없었다.

2008년 즈음 변액보험을 꽤 많이 가입했다. 고민 없이 하나둘 가입하다 보니 매월 납입하는 보험료만 100만 원에 가까웠다. 아이를 낳고 육아휴직을 하자 생활비가 부족해졌다. 보험 몇 개만 해지할 생각으로 계좌를 열었다.

당연히 수익률은 마이너스였다. 심지어 해지수수료 때문에 계좌에 찍힌 만큼도 다 못 받는다고 했다. 무려 한 달 월급 가까이 손실을 보고 해지했다. 이럴 바엔 적금이나 할걸, 해외여행이나 갈걸, 명품가방이나 살걸 하는 후회가 밀려왔다.

재테크를 쇼핑처럼 했다. 저렴한 건 사고 비싼 건 못 사는 게 나의 재테크였다. 백화점에서 쇼핑하듯, 마트에서 물건 사듯 재테크를 했다. 은행에 가서 창구 직원에게 몇 가지 질문을 하고, 그들이 추천해주는 상품을 마치 옷 고르듯이 훑으면서 결정했다. 목적도 없고, 목표도 없는 재테크였다.

나름대로 금융 상품 공부도 하고, 각종 사이트에서 금리 비교도 했으며, 원금 손실 위험성이 있는 상품은 신중하게 판단했다. 그런데도 결론은 늘 손실이었다. 왜 그랬을까?

꽃길만 상상하고 투자했기 때문이다. 제대로 알고 투자했다는 건 순전히 착각이었다. 알고 싶은 것만 알았지, 위험에 대해서는 대충 흘려들었다. 유행 따라서, 인기 많다고 가입한 상품들이 대부분이었다.

입지도 않을 옷을 사들이듯 필요하지도 않은 상품에 가입하고, 립스틱을 색깔별로 사서 모으듯 목적도 없이 다양한 펀드에 가입했다. 경제도 모르고, 투자에 대한 마인드도 없고, 자기 분석도 안 된 채로 다짜고짜 서류에 사인만 했으니, 손실은 당연했다.

취미를 처음 시작할 때는 배움의 과정이 필요하다. 피아노를 치고 싶다면 악보를 볼 수 있어야 하고, 요가를 배우고 싶다면 호흡부터 배워야 한다. 돈 받고 일하는 회사에서도 신입사원일 때는 다양한 직무교육을 받는다. 배워야 제대로 일할 수 있기 때문이다. 그런데 정작 내 돈 들어가는 재테크는 다짜고짜 실전으로 직행한다. 공부와 경험은 팽개치고, 정보와 운에 기댄 채 수익을 바란다.

재테크도 갓 시작하는 취미처럼, 갓 입사한 신입사원처럼 배움이 필요하다. 하지만 제대로 알려주는 곳은 없다. 보험을 들었다 깼다 반복하고 펀드며 주식 같은 투자에 뛰어들지만, 수익은 없고 수업료만 내는 일이 다반사다. 물론 잘못을 깨닫는 과정 자체도 자산이

ELS(Equity-linked Securities)

주가 연계 증권. 개별 주식의 가격이나 주가지수에 연계되어 투자 수익이 결정된다. 자산을 우량 채권에 투자하여 원금을 보존하고 일부를 주가지수 옵션 등 금융 파생 상품에 투자해 수익을 추구하는 금융 상품이다.
주식이나 채권에 비해 손익 구조가 복잡하고 원금과 수익을 지급받지 못할 위험성이 있다.
상품마다 상환 조건이 다양하지만 만기는 3개월~3년 정도가 일반적이고, 6개월마다 조기 상환 기회가 있으나 조건을 만족하지 못할 경우 현금화하기 어렵다는 특징이 있다.

될 수 있다. 그래도 이왕이면 제대로 시작하면 좋겠다.

아직 음파음파도 못하는데 곧장 바다로 뛰어들지 말자. 기초체력을 다지고, 준비운동부터 시작하자. 수영을 충분히 배우고 바다에 들어가도 늦지 않다. 단계별로 진도를 나갈 때, 가장 빨리 부자의 삶에 도착할 수 있다.

누가 알려주면 좋겠는데요

부자는 되고 싶은데 부동산을 살 정도의 자산은 안 되고, 그렇다면 주식이나 펀드를 과감하게 해서 돈을 불려야겠다며 용감하게 뛰어들었다가 장렬하게 전사하는 개미 투자자들이 차고 넘친다. '대기업이니까 망하진 않겠지', '전문가들이 추천했으니 조금은 오르겠지'라는 생각으로 매수를 한다. 물리고 나서야 깨닫는다. 물리면 아프다는 걸.

매일 아침 출근길에 하염없이 주식창을 들여다보면서 오늘은 팔아야 하나 고민하지만 결론은 없다. 팔면 오를 것 같은 이 불안함. 마치 데자뷔처럼 어제와 똑같은 생각, 똑같은 출근길이다. 주식을 사는 건 기술, 파는 건 예술이라는 말도 있던데 기술도 예술도 없는 평범한 우리에게 주식은 그저 용기일 뿐이다.

누가 좀 알려주면 좋겠다. 무엇을 언제 사고 언제 팔아야 하는지 말이다. 알려주면 잘 따라 할 자신 있는데. 초보 투자자들의 이런 마음을 귀신같이 알아서 문자메시지로, 오픈 카톡으로 유혹하는 불법 리딩방이 판을 친다. 불법은 아니지만 고가의 비용을 받는 곳들도 있다. 정말 시키는 대로 하면 부자가 될 수 있을까?

그럴 리 없다. 주가를 조작하거나 '세력'이 아닌 이상, 오를 종목만 쏙쏙 미리 알아서 타이밍 좋게 사고파는 건 불가능하다. 설사 신내림을 받은 사람이 리딩을 해줘도, 리딩을 따라 하는 사람들의 수익률은 천차만별이다.

시키는 대로만 하지도 않을 뿐더러, 시키는 대로 하는 것조차 어렵기 때문이다. 알려만 주면 잘할 자신 있다고, 그걸 왜 못하냐고 따지는 분들께 내 계좌를 직접 보여드린다.

2016년 10월의 실제 거래 내역이다(그림 1-1). 전문가의 리딩을 받으면서 투자를 했음에도 마이너스가 플러스보다 많다(종목은 살짝 가렸다).

혹시 사기를 당한 걸까? 그럴 리가. 혹시 망하는 회사에 투자한 걸까? 그것도 아니다. 저 당시 샀던 종목들이 2023년 12월 기준으로 모두 최소 2배 이상에서 5배까지 올라 있으니 절대 그렇지 않다. 그렇다면 왜?

바로 나 자신 때문이다.

처음에는 시키는 대로 사고팔았다. 그러다 익숙해지니 (어디서 생긴 자신감인지) 많이 빠졌다 싶은 날에 (몰래) '물타기'를 했다. 쌀 때 더 사면 나중에 크게 벌 수 있을 거로 생각했다. 물타기에 물타기를 거듭하다 보니 손실 폭이 더 커졌다.

만약 지금까지 버텼다면 건물주가 됐을지도 모른다. 하지만 버틸 수가 없었다.

| 그림 1-1 | **2016년 10월 주식 거래 내역**

〈 주식잔고/손익		⋮
[종합] 김운아		∨

주식잔고	**실현손익**	평가손익추이	예수금

종목/일별/월별	기간 2014-01-05 ~ 2016-12-05	종목
종목별 조회 ∨		🔍

실현손익	**-25,579,300원** -18.22%
	상세보기 ∨

매매일 ⬍	순손익금액 ⬍	매수단가 ⬍
종목명 ⬍	수익률 ⬍	매도단가 ⬍
2016-10-18 ▬▬▬	-5,011,991 -20.35%	8,211 6,592
2016-10-18 ▬▬▬	-6,387,528 -21.35%	74,796 59,300
2016-10-18 ▬▬▬	2,107,490 10.10%	36,787 40,829
2016-10-18 ▬▬▬	-16,221,711 -33.74%	120,214 80,300
2016-10-25 ▬▬▬	99,450 1.36%	242,000 248,500

결국은 수익률이 최악일 때 손절을 했다.

날고 기는 사람이 살 때와 팔 때를 알려줘도, 유망 종목을 짚어줘도 결국 매매는 내가 하는 것이다. 평범한 직장인은 사랄 때 사기도, 팔랄 때 팔기도 힘들다. 회의 중이라서 못 사고, 출장 중이라서 못 판다. 손실 난 계좌를 보면서 흔들리는 마음을 다잡는 건 더욱 어렵다. 남이 시킨 대로 하는 게 얼마나 어려운 일인지 3,000만 원 가까이 손해를 보면서 비로소 깨달았다.

그렇다면 전문가가 알아서 사고팔아주면 어떨까? 그것도 해봤다. 역시 쉽지 않았다. 증권사는 고객에게 연락을 해서 매수나 매도를 허락받아야 하는데 전화를 제때 받지 못해 타이밍을 놓치는 일이 많았다.

그럼 아예 누군가에게 돈을 맡길까? 그런 건 절대 하면 안 된다. 본인 계좌로 돈을 보내라는 사람은 사기꾼일 확률이 100%다. 못 돌려받을 확률은 200%다. 내 돈을 알아서 불려주고, 고이 돌려주는 사람은 절대 없다. 천사도 그런 일은 해주지 않는다.

부자는 정보만으로 되는 게 아니다. 전문가의 조언을 받는다 해도 스스로 판단할 수 있어야 하고, 계좌에 태풍이 불어와도 흔들리지 않고 버틸 수 있어야 한다. 그런 마인드와 투자철학이 없는 상태에서는 리딩이나 투자 정보가 오히려 독이 될 뿐이다.

전문가나 투자 상품 찾아 헤매지 말자. 부자될 시간만 낭비하는 일이다. 안다는 착각, 쉽게 할 수 있다는 오만을 버리고 겸손한 마음이 필요하다.

평범한 사람이라면 투자는 짧게, 재테크는 길게

초보자는 백전백패하는 장기투자

"삼성전자를 3년 이상 적금처럼 투자하려고요."

"연금 대신 미국 주식을 10년 정도 묵혀서 노후를 대비하려고요."

"2차 전지에 과감하게 올인했어요. 어차피 결혼도 안 할 거고 당분간 돈 쓸 일이 없거든요."

모두 괜찮은 생각이다. 단, 지킬 수 없다는 게 함정이다. 평범한 사람들은 절대 장기투자를 할 수 없다는 걸 10년간 직간접적으로 경험하며 깨달았다.

왜 할 수 없냐고? 첫째는 돈이 부족해서고, 둘째는 인생이 계획대로 흘러가지 않는 게 이유다. 꼭 결혼할 거라며 결혼자금을 쥐고 있는 친구는 소식이 없는데, 비혼주의 친구는 갑자기 청첩장을 보내온다. 3년 동안 주식 적금을 할 생각이었지만, 주가가 하락을 거듭하면 예금이 되는 일도 흔하디흔하다. 20% 수익만 나면 바로 팔 계획이었지만, 막상 20%가 되면 더 오를 것 같아 망설인다. 결국 수익률은 마이너스로 바뀌고, 애증의 종목이 된다. 어디 그뿐인가. 내 집 마련을 하려면 아이 앞으로 차곡차곡 모아주던 쌈짓돈마저 탈탈 털어야 한다.

부자언니가 재테크 컨설팅 회사 대표로 1,000여 명의 자산을 관리해주던 2016년 즈음, 부자언니의 고객들은 루트○○이라는 종목으로 주식 적금을 시작했다. 사자마자 하락하기 시작했지만, 어차피 적금이니까 괜찮다고, 쌀 때 더 사면 좋은 거라고 서로를 위로했다. 그러다 신저가를 기록하니 괜찮다던 이들도 불안에 떨었다.

"이제 어떻게 해야 되나요?"

"계속 사는 거 맞나요?"

"지금이라도 팔아야 되지 않나요?"

"물타기를 해야 되나요? 지금도 손실이 큰데요?"

결국 많은 이들이 손절을 했다. 지금까지 보유하고 있었다면, 추가 매수를 꾸준히 했다면 최소 수익률이 150%는 됐을 텐데. 이후로 주식 적금을 하겠다는 분들을 보면 뜯어말리고 싶은 마음이 굴뚝이다.

삶은 이벤트의 연속이다. 사랑도 이별도 갑자기 찾아오고, 아프거나 다치는 일도 예고 없이 생긴다. 이런 이벤트에 여유 있게 대응하기에는 늘 돈이 부족하다. 수억 원이 드는 내 집 마련도 차근차근 계획해서 사는 사람은 거의 없다. 대부분 이사 다니기 지쳐서, 아이가 생겨서, 지금 아니면 기회가 없을 것 같아서 등등의 이유로 느닷없이 집을 산다.

계획에 없던 일이니 여유자금이 있을 리 없다. 대출을 최대한으로 받고, 입던 팬티까지 내다 팔아야만 간신히 돈이 마련된다.

평범한 우리는 집 사고, 차 사고, 여행 다니고, 노후까지 대비할 만큼 돈이 충분하지 않다. 돈이 필요한 때 주식이 손실 중이라면, 부동산이 하락 중이라면 손해를 보고 팔아야 한다. 평범한 사람일수록 장기투자를 할 수 없는 이유다. 무엇보다 투자 타이밍이 중요한 이유이기도 하다. 단타가 좋고 장기투자는 나쁘다는 말이 아니다. 돈이 부족한 상황에서 장기투자는 버티기 어렵다는 얘기다.

자금을 단기, 중기, 장기로 쪼개는 것도 좋지 않다. 눈뭉치를 굴려서 눈덩이를 만드는 스노볼 효과를 보려면 적어도 눈뭉치 정도의 종잣돈이 있어야 한다. 그런데 종잣돈을 너무 자잘하게 쪼개버리면 눈먼지가 될 수도 있다. 눈먼지를 굴려서 눈덩이를 만들려면 엄청난 시간이 걸린다.

종잣돈의 사이즈가 작을수록, 종잣돈을 쪼개지 말고 굴리되 2~3년에 한 번 정도 수익 실현을 통해 키워나가야 한다. 그게 쉽냐고, 할 줄 알면 이미 부자됐겠다고 얘기하고 싶은 마음 안다. 그 이야기는 뒤에서 더 자세히 할 테니 염려는 내려놓자.

부자언니는 경기는 순환한다고, 경기의 흐름에 맞춰 돈의 위치를 바꿔야 한다고 말한다. 만약 우리가 10년, 20년 이상 투자할 수 있다면 돈의 위치를 바꾸지 않아도 부자가 될 수 있다. 액면분할을 감안하면 삼성전자의 2003년 2월 주가는 현재 기준으로 6,700원 정도였다. 2023년 12월 현재는 7만 1,700원이니 그때 사서 가지고 있었다면 수익률이 무려 1,000%가 넘는다.

하지만 우리는 20년을 못 버틴다. 장기투자는 부자들이나 가능하다. 버티지도 못할 장기투자를 계획하는 데 시간과 에너지를 쓰지 말고 이제부터라도 성실하게 일테크하고, 재미있게 짠테크하고, 야무지게 공부해서 똑똑하고 현명한 투자자가 되자.

불타는 열정보다 뭉근한 끈기, 완벽보다 반복이 필요하다

"가계부 금액이 맞지 않으니까 쓰기 싫어져요."

"지난달에 카드를 너무 많이 써서 가계부 쓰는 게 무서워요."

"주식이 계속 마이너스라서 계좌를 보고 싶지 않아요."

"일상에 치여서 재테크를 할 엄두가 안 나요."

"계획이 자꾸 바뀌니까 계획을 세우는 게 의미가 없어요."

완벽하게 하고 싶은데 잘 안 되니 아예 하기가 싫다. 각 잡고 해야 하는데 각이 안 잡히니 시작조차 못한다.

재테크 강의를 들어도 이해가 안 되고 어려우니 공부 자체가 짜증이고, 돈 관리 제대로 하고 싶은데 아끼려니 귀신같이 돈 나갈 일이 생긴다. 마음은 달리고 싶은데 현실은 제자리걸음이니 걷기조차 싫다.

완벽하게 못할 바에는 차라리 접을까? 한 번뿐인 인생인데 그냥저냥 즐기면서 사는 게 낫지 않을까? 게으른 완벽주의자들의 재테크가 제자리걸음인 이유다.

하지만 재테크는 완벽하지 않아도, 게을러도 할 수 있다. 게으르기로 치자면 나도 절대 뒤지지 않는다. 끈기 없기로 쳐도 극상위권에 들 자신이 있다.

초등학교 시절, 방학 첫날이면 흰 도화지에 커다란 동그라미를 그려 넣고 생활계획표를 만들었다. 색칠까지 예쁘게 해서 벽에 턱하니 붙여뒀지만 6년간 단 한 번도 지키지 못했다. 매일 아침 늦잠 자기 바빴고, 숙제는 내일, 또 내일로 미루다 개학을 앞두고 벼락치기로 해치웠다.

가장 골치 아픈 숙제는 일기였는데, 날씨 때문이었다. 도무지 날씨를 기억할 수 없었다. 해와 비, 구름에 번갈아가며 동그라미를 그리면서, 다음 방학에는 날씨만이라도 표시해두기로 다짐하지만, 다음 방학에도 마찬가지였다.

지난 10년간 나는 육아와 일을 병행하면서 재테크를 했다. 시간은 늘 부족했고, 체력은 늘 간당간당했다. 당연히 짠테크도, 경제 공부도, 투자도 최선을 다할 수가 없었다. 그래도 10년이 지나니 자산은 늘었다.

10원 한 장까지 맞춰서 가계부를 적지 않아도, 인터넷 최저가 상품을 찾아 헤매지 않아도, 경제 신문을 술술 읽지 못해도 괜찮다. 오히려 느긋함이야말로 재테크에서 꼭 갖춰야 할 미덕이다.

악착같이 해도 부족한데 무슨 소린가 싶을 수 있겠다. 내 나이가 벌써 오십이 넘었는데 설렁설렁 해서 어느 세월에 부자되겠냐고 하는 분도 있을 것이다. 걱정 안 해도 된다. 2023년 대한민국의 중위연령은 46세라고 한다. 2052년에는 무려 59세가 중위연령이다.

2005년 인기 드라마 〈내 이름은 김삼순〉이 방영되던 시절에는 서른 살이면 노처녀로 분류됐었다. 그런데 요즘은 첫 직장생활을 서른 넘어서 시작하는 친구들도 많다. 앞으로 기대수명은 더 늘어날 게 뻔하다.

살아온 시간보다 살아야 할 시간이 더 길다. 지금부터 시작해도 부자 중년, 충분히 되고도 남는다. 아무리 늦었어도 부자 노년은 가능하다. 악착같은 열정보다 뭉근한 끈기를 갖자.

나는 제로에서 1억 원을 모으는 데 10년이 넘게 걸렸다. 하지만 1억 원이 2억 원이 되고, 2억 원이 3억 원이 되는 시간은 더 짧아졌다. 지난 10년 동안 불린 자산보다 최근 2~3년간 불어난 자산이 더 많다.

타오르는 열정보다, 약한 불이어도 오래 유지하는 게 더 중요하다. 한 푼이라도 더 벌려고 애쓰지 않아도 되고, 손해 보지 않으려고 버티지 않아도 된다. 때로는 천천히, 때로는 돌아가고, 잠시 쉬어도 괜찮다. 방향을 잃지 않는 게 중요하다.

솔직히 말하면 나도 짠테크 계획을 세워놓고 지키지 못한 날들이 무수히 많다. 투자에서 쓴맛을 본 것도 하루이틀이 아니다. 그럴 때는 죄책감 느끼지 말고 이렇게 말해주자.

"돈 좀 쓸 수도 있지! 내일은 도시락 싸 가면 되지!"

"손해 좀 볼 때도 있지! 더 벌면 되지!"

잊지 말자. 내가 지치지 않는 게 제일 중요하다.

MONEY CHANGES EVERYTHING

4
—

몸값 올리고,
소비 줄이고

그만두고 싶다면 먼저 제대로 해야 한다

지긋지긋한 직장, 당장이라도 때려치우고 싶지만, 월급을 대신할 소득이 없으니 방법이 없다. 직장을 때려치우고 싶다면, 아이러니하게도 먼저 열심히 일해야 한다. 자산이 10억 원 이하라면 그 무엇보다 일테크가 가장 효과적인 재테크이기 때문이다.

직장에서 몸값을 올려 빠르게 종잣돈을 키운 다음, 월급을 대신할 투자소득을 만드는 것. 이거야말로 재테크 치트키다. 뭘 해서 몸값을 올리느냐고? 제일 빠른 방법으로는 이직이 있다.

주말도 없이 일하던 시절, 복지도 좋고 연봉도 좋은 외국계 회사로 이직한 선배로부터 이력서를 내보라는 제의를 받았다. 고민할 필요도 없는 회사였지만 문제는 내가 '영어 포기자'라는 사실이었다.

그 길로 당장 1:1 코칭을 해주는 영어회화 학원에 등록해, 철저히 취업을 위한 공부를 했다. 이력서 작성부터 인터뷰 연습까지 외국인 선생님의 도움을 받았다. 어떤 질문이 나올지 모르니 답을 못할 경우도 대비했다.

그럼에도 불구하고 면접관의 질문을 전혀 알아듣지 못했고, 미리 준비해간 멘트를 능청스럽게 읊고 나왔다. 운이 좋았던 건지, 노력이 가상했던 건지 면접을 통과해 입사에 성공했다. 연봉이 무려 20%나 올랐다.

결혼 즈음, 남편과 나는 연봉이 비슷했다. 하지만 15년 후에는 두 배 가까이 차이가 났다. 이직이 아니었다면 불가능한 일이었다. 물론 회사는 연봉만으로 평가할 수 없고, 이직만이 답이라는 말은 아니다.

주식이나 부동산에 투자하지 않아도, 종잣돈이 없어도, 수익을 낼 수 있다는 얘기다. 그것도 손실 없이 확실하게 말이다. 이직할 여건이 안 된다고? 그렇다면 승진도 있고, 각종 성과급이나 보상들도 있다.

승진이나 이직으로 연 5~20%의 수익을 낼 수 있다면 그야말로 최고의 투자다. 잘 안 된다 쳐도 본전인데 시도조차 안 할 이유가 없다. 파이어(조기 퇴사)를 꿈꿀수록 제대로 일해서 몸값을 높이자. 불어나는 연봉이야말로 퇴사를 앞당겨줄 일등 공신이니까.

주식으로 빨리 돈 벌어서 퇴사하고 싶은 마음은 안다. 하지만 투자는 시간이 필요하다. 그리고 한 달 벌어 한 달 사는 사람은 시간을 투자할 수 없다. 당장 내일의 삶을 걱정하는 것만으로 버거우니 말이다.

반면에 괜찮은 수준의 소득이 꾸준히 있다면, 매달 저축할 수 있는 여유가 있다면, 인내를 갖고 투자할 수 있다. 약간 손실을 보더라도 다음 달이면 또 월급이 들어오고, 여유자금이 생긴다. 조바심 내지 않고 기다릴 수 있다.

코로나19로 인한 엄청난 유동성으로 자산시장이 급등하던 시기, 출퇴근길 버스와 지하철을 타면 90% 정도는 휴대전화로 주식 차트나 잔고를 들여다보고 있었다. 직장인뿐 아니라 전업주부들, 자영업자들, 은퇴한 어르신들도 주식, 부동산, 코인에 빠져 지내던 시기 아니었을까.

투자를 안 하면 벼락거지가 될 것 같은 불안감이 전 국민을 투자자로 만들던 때, 깜짝 놀랄 이야기를 들었다.

"과장님, K과장님이라고 혹시 아세요?"

"아니오. 잘 모르는 분인데요. 왜요?"

"그분이 코인으로 30억 원을 벌었대요. 며칠 전에 사직서 내셨대요. 엄청 부러워요."

일하던 직장에서도 이런 일이 실제로 벌어졌다. 언론에도 비슷한 사례들이 계속해서 이야기됐다.

성공한 투자자들은 전쟁에서 살아남은 승자마냥 기세등등해서 회사를 떠났다. 남은 사람들은 의문의 패배자가 되어 부러운 눈으로 그들을 바라봤다. 부동산에 영끌하지 못해 분하고, 주식에 과감하지 못해 아쉽고, 코인을 도박이라며 멀리했던 자신을 바보 취급하며 뒤늦게 투자에 뛰어드는 친구들도 많았다. 얼른 성공한 투자자가 되어 전업 투자자로 사는 게 그들의 희망이었다.

그랬던 분위기가 2023년 들어서면서 급반전됐다. 자산시장이 급락했고, 투자심리는 급속도로 식어갔다. 주식과 부동산이 하락하면서, 꼬박꼬박 출근만 해도 월급을 주는 직장이 더없이 소중해졌다.

언제 올지 모를 불기둥을 오매불망 기다리며 주식창을 들락날락한들 주가가 오를 리 없다. 차라리 그 시간에 회사에서 필요한 인재가 되어 몸값을 올리거나, 리크루팅 정보를 취합하고, 경력기술서를 업데이트하면서 이직이나 승진에 필요한 활동을 하는 게 훨씬 생산성 있다.

넘사벽 재테크 고수들이 경제적 자유를 이뤘다며 사직서를 내고 해외여행을 다니는 스토리는 우리 가슴을 후벼 판다. '왜 나는 못하지' 하는 자괴감도 든다. 하지만 아쉬워하지 말자. 운이 없어도, 피 튀기는 노력을 하지 않아도, 방법이 있다. 시간과 에너지를 온통 재 테크에 쏟지 않아도 부자가 될 수 있다.

다만, 우리는 조금 더 시간이 필요할 뿐이다. 본업부터 제대로 하 자. 직장생활이 재미가 없고 지친다고? 돈 받고 하는 일에서 재미 까지 있길 바란다면 그건 과한 욕심이다. 종잣돈을 만들어주는 꾸 준한 월급만으로도 충분히 감사해야 한다.

일에서 보람이나 가치, 재미 찾아 헤매지 말고 먼저 제대로 하자. 차곡차곡 경력이 쌓이고, 일정 수준에 오르면 없던 재미가 생길 수 도 있다. 무엇보다 우리에겐 이미 재테크라는 평생 취미가 생겼다.

즐기다 보면 내 인생은 물론이고, 남편과 아이 인생까지 바꿀 수 있다. 회사는 성실한 일테크로 활용하고, 재미는 재테크에서 찾자.

세상에서 가장 비싼 물건은 쓰지도 않을 싸구려 물건

부자들은 소비의 기준이 가격에 있지 않다. 비싸도 제값을 하면 지 갑을 열고, 저렴해도 가치가 없으면 비싸다고 말한다. 하지만 평범 한 사람들의 소비는 가격이 기준이다.

고기를 살 계획이 없어도 마트에서 할인을 하면 냉큼 집어온다.

백화점에서 30만 원 이상 구매하면 상품권을 준다고 하니 계획에 없던 추가 구매를 한다. 딱히 필요하지 않지만 해외여행을 가니까, 면세점을 이용할 수 있으니까, 명품 가방을 저렴하게 살 수 있는 기회니까 산다.

필요 없는 물건과 먹지도 않을 식재료를 사면서 합리적인 소비를 했다고 만족해한다. 그러다 집 안을 정리하면 1+1로 구입한 샴푸가 수두룩하고 유통기한이 지난 스파게티 소스가 몇 병이나 나온다.

세상에서 가장 비싼 건 불필요한 물건이다. 유발 하라리는 그의 저서 《사피엔스》에서 이렇게 말한다. 부자는 자산과 투자물을 극히 조심스럽게 관리하는 반면, 빈자는 빚을 내서라도 필요하지도 않은 자동차와 TV를 산다고.

소비는 습관이다. 당장 필요하진 않지만 저렴하니까 사두는 습관, 어차피 쓸 물건이니까 넉넉하게 쟁여두는 습관, 남들 다 있으니까 하나쯤 사는 습관. 지금 아니면 기회가 없을 것 같아 사놓고 보는 습관. 이런 습관들이 우리 통장을 털어간다.

매일같이 쏟아지는 고도의 마케팅도 피하기 어렵다. 마침 딱 필요했던 물건이 인터넷 광고에 뜨고, 할부마저 시원시원하게 해줘서 돈 걱정 없이 카드를 긁을 수 있다.

광고와 마케팅에 휩쓸리지 않고, 남들과 비교하지 않고, 홀로 고고하게 소비를 참아내는 건 괴로운 일이다.

요즘 무지출 챌린지가 유행인데 처음에야 그럭저럭 지키겠지만, 시간이 갈수록 의지는 약해지고 본능은 강해지기 마련이다. 하루 아침에 과소비 습관을 무지출과 저소비로 바꾸기란 임파서블 미션이다.

생각 없이 카드를 긁어대던 시절, 화장을 하지도 않으면서 예쁘다고 립스틱을 샀다. 저렴하다고 산 귀걸이, 반지, 목걸이가 서랍에서 뒤엉킨 채 굴러 다녔다. 냉장고에는 파프리카와 두부, 채소가 썩어가고 있었고, 옷장에는 입지도 않는 옷들이 몇 년째 걸려 있었다. 신지 않는 신발, 읽지 않는 책, 들지 않는 가방까지.

이런 것들만 사지 않아도 된다. 쓸 데 쓰고, 안 쓸 데 안 쓰는 일명 '쓸쓰안쓰'다. 이젠 더 이상 립스틱, 마스크팩, 귀걸이 같은 주얼리는 사지 않는다. 먹지 않을 채소 대신 차라리 잘 먹을 고기를 산다.

집 안에 있는 물건 중 우리가 사용하는 것은 30%가 채 안 된다고 한다. 사용하지 않는 70%를 사느라 돈을 쓰고, 보관하기 위해 수납용품을 사고, 물건 정리하는 데 시간을 쓴다. 결국 중요한 일에 쓸 시간과 에너지는 늘 부족하다.

돈을 아끼려고 애를 쓰면 머릿속은 온통 돈 생각뿐이고, 결국 소비 욕구가 활화산처럼 폭발해 어떻게든 돈을 써야 할 이유를 만들어낸다. 입술이 너무 건조하니 립밤을 사야 하고, 살이 쪄서 맞는 옷이 없으니 새 옷을 사야 한다.

분명 올리브영 앞을 지나고 있었는데 정신을 차려보니 매장 안이고, '할인'이라는 두 글자에 이미 계산대 앞에서 카드를 꺼내고 있다.

짠테크를 했던 기억은 빠르게 사라지고 무섭게 소비를 시작한다. 그렇게 산 립밤은 몇 번 쓰지도 않았는데 왜 항상 없어지는 건지 세계 10대 미스터리다. 불필요한 물건은 아무리 저렴해도 사치다. 잊지 말자. 가격에 기준을 둔 소비는 가난한 사람들의 소비. 이제부터는 부자처럼 소비하자.

평범한 사람은 남들 가진 걸 따라 사지만, 부자는 남들이 갖지 못한 것에 관심이 있다. 부자가 될 우리는 남들이 가진 것이 아니라, 남들이 갖지 못한 것을 갖기 위해 시간과 에너지를 쓰고 종잣돈을 모아야 한다.

당장 바꿀 수 있는
단 한 가지

지금이 재테크하기 딱 좋은 때

처음 부자언니를 알았을 때 나는 서른세 살이었다. 지금 생각하면
꽃 같은 나이인데 당시에는 너무 늦었다고, 나이가 많다고 우울해
했다.

'왜 여태 바보처럼 살았을까.'

'지금까지 날려먹은 돈만 착실히 모았어도.'

'5년만 더 일찍 부자언니를 알았어도.'

아쉬움이 가득했고, 어린 친구들이 부러웠다. 나이가 재산이라는
말이 뼈에 와서 부딪쳤다.

어느덧 10년이 넘는 시간이 흘렀다. 이젠 안다. 절대 늦지 않았다는 걸 말이다. 하지만 여전히 재테크를 시작하는 30대 친구들은 이렇게 말한다.

"너무 늦게 시작해서 아쉬워요. 조금만 더 일찍 정신을 차렸더라면. 20대가 부럽네요."

늦지 않았다고 아무리 얘기해도 듣지 않는다. 40대는 30대를 부러워하고 50대는 40대를 부러워하며 이렇게 말한다.

"10년 뒤면 벌써 환갑인데 제가 할 수 있을까요?"

당연히 할 수 있다. 재테크는 언제 시작해도 괜찮다. 지금 나이가 쉰 살이어도 백 살에는 50억, 100억 원 자산가가 얼마든지 될 수 있다. 시작하지 않아서 안 된 것일 뿐, 절대 늦지 않았다.

20대에 재테크를 시작하면 빨리 부자가 될 수 있을까? 요즘은 20대 학생들도 용돈과 아르바이트한 돈으로 주식투자 많이들 한다. 일찍 시작한 만큼 30대, 40대가 되면 엄청난 부자가 될 수 있을까?

딱히 그렇지도 않다. 20대 친구들은 소득 규모가 작아서 목돈이 쉽게 만들어지지 않는다. 재미가 없으니 오래가지 못하고 프로 소비러로 전향하는 경우가 많다.

게다가 20~30대는 취업과 이직, 결혼과 출산 같은 큰 이벤트들이 많이 기다리고 있다. 특히 결혼이라는 인류지대사는 씀씀이를 확 키운다. '평생에 한 번뿐이니 드레스는 조금 더 좋은 걸로, 결혼식은 호텔에서, 신혼여행은 유럽이지' 하면서 눈높이가 올라간다.

정신 차리고 보면 전체 비용은 엄청나게 늘어나 있다. 열심히 쌓아올렸던 짠테크, 재테크의 공든 탑은 소리 없이 무너져 내린다. 결혼이 아니어도 다른 이벤트가 줄줄이 있다. 자격증 따느라 바쁘고, 퇴사로 소득이 없어지고, 출산으로 여유가 없고 등등의 이유로 재테크를 멈추거나 아예 내려놓는 경우가 많다.

재테크는 일찍 시작하면 일찍 부자가 되는 선입선출의 시스템이 아니다. 그러니 이미 늦었다는 생각, 어차피 안 될 거라는 생각을 하고 있다면 돌돌 말아서 쓰레기통에 버리자. 갑자기 조급해지는 마음도 가라앉히자. 여태껏 1억 원 없이도 잘만 살았지 말이다.

2012년 가을엔 나도 늦은 줄만 알았다. 엉터리 재테크를 하느라 날려버린 시간과 돈이 아까웠다. 지금 돌이켜보면 오히려 다행이다. 돈 없어서 고생도 해보고, 손실로 피눈물도 흘려보고, 먹여 살려야 할 아이도 둘이나 있으니 더 이상 물러설 곳이 없었다. 재테크하기 딱 좋은 때였다. 너무 이르지도 늦지도 않은 딱 좋은 때.

물러설 곳 없으니 재테크 도돌이표를 끊어낼 수 있었다. 완벽하지 않아도 가계부를 쓰고, 대충하더라도 월말 정산을 했다. 장보기 전에 예산을 짜고, 외식하기 전에 냉장고 정리를 했다. 월급만큼 나오던 카드 값을 청산하고, 과감하게 카드를 잘랐다. 차근차근 대출을 갚으면서 투자를 병행했다. 모으다 말다 하던 아이 적금도 다시 시작했다. 이제라도 다시 시작할 수 있어서, 아직은 돈을 벌 수 있고 아낄 여력이 있어서 감사했다. 전보다 덜 먹고 덜 쓰지만, 만족감은 훨씬 커졌다. 마트 카트가 채워주지 못한, 옷장 속 옷이 채워주지 못한 자존감 잔고가 점차 쌓여갔다.

생각과 태도에는 돈이 들지 않는다

누구라도 부자가 될 수 있으니 지금부터 경제 공부를 시작하고 투자에 관심을 가져야 한다고 얘기하면, 사람들은 안 되는 이유를 갖가지 찾아낸다. 일명 '안 돼요'와 '어려워요' 시리즈다.

"투자를 하고 싶어도 돈이 없어요."

"지금 시작하기에는 나이가 너무 많아요."

"공무원이라 급여가 너무 적고 부수입을 만들 수도 없어요."

"1억 원 모으는 데만 10년 넘게 걸릴 것 같은데, 이번 생에 부자가 될 수 있을까요?"

"대출이 너무 많아서 대출 갚기에도 벅차요."

"가족들이 도움을 안 주네요. 같이 아껴야 되는데."

"시간이 없어요. 회사 일만 하기에도 벅차요."

바쁘지 않은 사람은 없다. 돈과 시간이 충분한 사람도 없다. 다들 부족하다. 그렇다고 없는 것도 아니다. 밥 먹고, 커피 마시고, 이동하는 시간도 무언가를 할 수 있는 시간이다. 버려지는 자투리 시간, 흘려버리는 시간을 모아서 써야 한다. 시간이 부족한 건 누구나 비슷하다. 인생을 가르는 건 자투리 시간을 어떻게 쓰느냐다.

시간 관리만큼 중요한 건 바로 태도다. 통장 잔고는 당장 바꿀 수 없어도, 태도만큼은 0.1초 만에도 바꿀 수 있다. '돈이 없다'는 생각을 '소비할 돈은 없다'로 바꿔보자. '시간이 없다'는 생각은 '놀 시간은 없다'로 바꿔보자. '부자가 될 수 없다'는 생각은 'ㅇㅇ세쯤이면 부자가 되겠구나'라고 바꿔보자.

출근길에 버스를 놓쳐 지각을 하면 일하는 내내 마음이 좋지 않다. 회사에서 상사에게 구박이라도 받은 날은 퇴근을 해도 여전히 기분이 나쁘다. 부정적인 감정은 꼬리에 꼬리를 문다. 부자가 될 수 없다는 부정적인 생각은 다른 부분에도 영향을 미칠 수 있다.

놓친 버스를 되돌아오게 할 수는 없다. 하지만 다음 버스를 기다리는 시간을 짜증과 분노로 채울지, 내일 버스를 놓치지 않기 위해서는 어떻게 해야 할지 생각하는 시간으로 채울지는 선택할 수 있다. 생각과 태도를 바꾸는 데는 시간도 돈도 들지 않는다.

시간여행을 다룬 영화 〈어바웃 타임〉 속 주인공의 아버지는 죽기 전, 아들에게 큰 비밀이라며 행복을 위한 공식을 말해준다. 공식은 두 단계다. 첫 번째는 일단 평범한 삶을 사는 거다. 하루하루 다른 사람과 마찬가지로 말이다. 두 번째는 거의 똑같이 하루를 다시 사는 거다. 처음엔 긴장과 걱정 때문에 볼 수 없었던 세상의 아름다움을 두 번째 살면서는 제대로 느끼라고 아버지는 말한다.

주인공의 첫 번째 하루와 두 번째 하루는 같지만, 같지 않았다. 주인공의 표정과 표현이 주변 사람들의 하루도 달라지게 했다. 영화 마지막 즈음 주인공은 더 이상 시간여행을 하지 않는다고 말한다. 그저 오늘 하루가 특별하면서도 평범한 마지막 날이라고 생각하며 완전하고 즐겁게 지내려고 노력할 뿐이라면서 말이다.

우리는 두 번 살 수 없다. 연습 없는, 한 번뿐인 인생이다. 〈어바웃 타임〉의 주인공처럼 장롱 속에 들어가 주먹을 아무리 세게 쥔들 과거로 돌아갈 수 없다. 돌아오지 않는 하루를, 이 시간을, 어떤 에너지와 감정으로 채울지는 우리 각자의 선택에 달려 있다. 그리고 믿어야 한다. 미래의 나는 지금과 완전히 다른 인생을 살 수 있다는 것을 믿어야 한다.

오늘의 나는 100m를 달리지만, 미래의 나는 42.195km를 완주할 수 있다는 확신을 가져야 한다. 오늘의 내가 기초 체력을 쌓고, 근력 운동을 하고, 100m 달리기부터 차근차근 연습해나간다면, 미래의 나는 마라톤을 완주할 수 있다. 그러니 지금 당장 갖춰지지 않았다고, 불가능해 보인다고 포기하지 말고 미래의 나를 믿고, 오늘의 나에게 확신을 가지자.

새로운 나로
부자 라이프 시작하기

자존감 잔고부터 높이자

평범한 사람도 부자가 될 수 있다는 말은, 부자가 되는 게 쉽다는
뜻이 아니다. 부자가 되기로 결심하는 것도, 그 결심을 유지하는 것
도, 알고 투자하는 것도, 책으로 읽을 때는 고개가 끄덕여지지만 막
상 실천하려면 막막하기만 하다.

그렇다고 그냥 포기할 텐가? 지금도 충분히 행복하다고? 여행도
가고 싶고, 맛집도 가고 싶고, 가방도 사고 싶다고? 물론 포기해도
된다. 당장은 아무 문제가 없다. 문제는 현재가 아니라 미래에 발생
한다.

노동소득은 언젠가 반드시 중단된다. 월급은 영원하지 않고, 노동력도 감퇴한다. 준비되지 않은 상태에서 소득 중단과 노동력 감퇴의 시너지가 발생하면 '가난의 추월차선'에 올라타게 된다.

부자가 되고 싶다면, 아니 가난해지고 싶지 않다면 소확행을 미루고 불편함을 선택해야 한다. 10년 이상 꾸준히 하면 누구라도 작은 부자는 될 수 있다. 부자가 되고 나면 소확행 말고, 대확행을 누릴 수 있다. 그런데 10년이라는 세월은 절대 짧지 않다. 강산도 변하는 시간 아닌가.

긴 여정을 중도에 포기하지 않기 위해서는 자존감이 필요하다. 자존감이 높으면 남들과 상관없이 나만의 길을 걸을 수 있다. 남과 비교하고, 남들 쫓아가봐야 결국 남과 비슷하거나 남보다 못한 인생만 남는다.

자존감을 높이려면 자기 자신에게 만족해야 한다. 스스로에게 만족하는 사람은 남과 비교할 필요가 없다. 그리고 만족을 하려면 감사가 필요하다. 가지지 못한 것에 불평하는 대신 지금 가진 것에 감사하는 것, 그것이 자존감의 출발점이다.

로버트 에번스 교수의 연구에 따르면, 감사를 습관화한 학생이 그러지 못한 학생보다 훗날 2만 5,000달러나 더 많은 연봉을 받았다고 한다. 오프라 윈프리 역시 매일 감사 일기를 쓴다고 한다. 일기는 굉장히 평범한 내용으로 채워져 있지만, 그런 평범한 일들에 감사하면 놀라운 결과를 얻게 된다고 오프라 윈프리는 말한다.

이외에도 감사를 통해 인생이 달라졌다는 사람들, 건강이 좋아졌다는 사람들, 부를 얻었다는 사람들의 이야기를 수많은 연구와 서적으로 만날 수 있다.

감사가 좋다는 건 알겠는데 막상 감사 일기를 쓰려면 솔직히 오글거리기도 하고 감사할 일도 떠오르지 않는다. 간신히 몇 줄 쓰고 나면 내일은 또 뭘로 채워야 하나 싶은 걱정도 든다.

이것저것 적다 보면 나중에는 화창한 날씨마저 감사할 지경에 이른다. 그쯤 되면 전에는 당연하게 여겨왔던 일들이 실은 얼마나 감사한 일인지 깨달을 수 있다.

생각보다 가진 게 많다는 사실도 알 수 있다. 좋은 친구들, 사랑하는 가족들, 아이돌 외모는 아니지만 건강한 신체도 있고, 무엇보다 이렇게 소소한 일상에 감사할 줄 아는 사람이 됐다는 사실은 자신을 꽤 괜찮은 사람으로 느끼게 해준다.

아들에게 묻는다.

"민호야, 오늘 하루 감사한 일 한 가지가 있다면 어떤 거야?"

"음…… 스파게티 맛있었어요."

"민호는 그럼 스파게티를 맛있게 만들어준 아빠에게 감사하는 거네?"

"네."

그 이야기를 듣던 남편이 옆에서 말한다.

"그럼 아빠는 스파게티를 맛있게 먹어준 우리 아들에게 감사해."

오늘부터 매일 감사할 일을 찾아보자. 사소해도 좋다.

첫 번째 감사는 반드시 나 자신에게 해주자. 매일 나 자신에게 감사할 일 한 가지를 하는 거다. 감사가 차곡차곡 쌓여갈수록 자존감도 올라간다. 내가 얼마나 가진 게 많고 행복한 사람인지 알게 되기 때문이다.

자존감이 낮은 사람은 부자가 되기 어렵다. 결핍된 자존감을 물질로 채우려 하기 때문이다. 월세 내기도 벅차면서 예쁜 옷과 구두에 집착했던 나처럼 말이다.

사랑한다면 약속을 지키세요

하늘 높은 줄 모르고 솟은 아찔한 킬 힐에 숨 쉴 틈 주지 않는 블랙 정장을 입고 상무나 이사로 일하고 싶었다. 퇴근 후에는 탁 트인 거실에서 한강을 바라보며 와인을 마시고 싶었고 겨울이면 따뜻한 나라로 훌쩍 떠나는 럭셔리 라이프를 꿈꿨었다.

취업을 하고 돈을 벌기 시작하면서 자꾸만 옷과 구두를 사들였다. 상상 속의 나를 실현하고 싶었던 모양이다. 하지만 블랙 정장

입는다고 상무나 이사가 될 리 없고, 한강 뷰의 아파트가 생길 리 만무했다. 퇴근하면 정장은 옷장 속에 처박히고, 나는 헐렁한 트레이닝복 차림의 원룸 월세 세입자일 뿐이었다. 그런데도 옷장은 점점 가득 찼다.

자존감은 바닥을 향해 가는데 자존심은 하늘 높이 솟아올랐다. 잘나가는 친구들, 돈 좀 있어 보이는 사람들에게 밀릴 수 없었다. 그건 자존심 상하는 일이었다. 그 당시 내 인생의 주인공은 내가 아니라, 그들이었다. 나는 그들을 닮고자 아등바등하는 조연, 아니 단역이었다.

재테크를 시작하면서, 결심했다. 나에게 집중하기로, 진정한 주연으로 살기로 말이다. 그거야말로 나를 사랑하는 길이라는 걸 깨달았다. 진짜 사랑은 선물이나 여행, 맛있는 음식 등의 보상이 아니라 스스로에 대한 존중에서부터 시작되어야 한다.

친구와의 약속을 떠올려보자. 약속한 장소에 거의 도착했는데 갑자기 취소하자는 연락이 온다. 기분이 좋을 리 없다. 무시당한 것 같아 불쾌하기도 하고 서운한 감정이 든다. 반대로 내 사정으로 약속을 못 지키게 되면 친구에게 몇 번이고 사과한다. 밥을 사겠다, 커피를 사겠다 등등의 말로 미안한 마음을 전한다. 친구가 괜찮다고 해도 마음이 쓰이는 건 어쩔 수 없다.

이번에는 나 자신과의 약속을 생각해보자. 아침에 눈을 떠서 투두리스트(to do list)에 오늘 해야 할 일을 적는다. 회사 업무가 다섯 가지쯤, 베란다 청소 같은 집안일이 세 가지쯤, 주식 강의 듣기와 독서 같은 자기 계발이 두 가지쯤 있다.

잠들기 전 확인해보니 회사 업무를 뺀 나머지는 절반도 못 끝냈다. 아쉬움 따위 전혀 없이 내일로 미루고 잠이 든다. 하지만 내일도, 모레도 주식 강의와 독서는 끝끝내 주말까지 미뤄진다.

투두리스트는 나와의 약속이다. 갑자기 미루면 미안한 마음이 들어야 한다. 그런데 친구와의 약속보다 더 쉽게, 아무렇지도 않게 미룬다. 오늘의 예산도 마찬가지다. 최대한 예산을 지키려고 노력해야 한다. 나를 존중한다면, 자신을 사랑하고 싶다면 자신과의 약속부터 지키자.

팀 어번은 TED 강연 〈할 일을 미루는 사람의 심리〉에서 미루는 사람과 미루지 않는 사람의 뇌는 다르다고 말한다. 미루는 사람의 뇌에는 '순간적 만족감 원숭이'가 살고 있어서 해야 할 일 대신 지금 이 순간을 즐기도록 조종한다는 것이다.

다행히 마감이 코앞으로 다가오면 '패닉 몬스터'가 나타나 원숭이를 쫓아준다고 한다. 즉, 시험이나 졸업논문, 보고서 제출처럼 마감이 있는 일은 어떻게든 마무리가 되는 셈이다.

반면 마감이 없는 일들, 예컨대 건강을 관리하고 가족을 돌보는 일들은 한없이 미루기 쉽다. 당장은 큰일이 일어나지 않기 때문이다. 하지만 이런 일들을 미뤘을 때 훨씬 더 깊은 상처가 남고, 장기적인 미루기는 우리를 인생의 주인공이 아니라 구경꾼같이 느끼게 한다고 말한다.

부자가 되는 일도 마감이 없다. 자꾸만 미루게 된다. 조금 더 편하게 즐기면서 살라고 우리 뇌의 '순간적 만족감 원숭이'가 속삭인다. 하지만 재정을 확인하고 미래를 계획하고 준비하는 걸 계속해서 늦춘다면, 소중한 것을 지키지 못할 수 있다. 부모님의 건강이나 아이의 꿈, 나의 편안한 노후 등을 위해서는 경제력이 꼭 필요하다.

미루지 않고 해내는 사람들은 고민을 할 시간에 실행을 한다. 왜 우리는 고민만 하고 자꾸 미룰까? 왜 우리는 아는 것조차 실행하지 않을까? 게다가 우리는 성공한 사람과 나와의 차이를 기필코 찾아낸다.

"좋은 대학 나왔잖아. 원래 머리가 좋은 거지."

"집안이 좋잖아. 나도 부모님이 지원해줬으면 지금보단 잘나갔을 텐데."

"외모가 되잖아. 외모도 능력이야. 어딜 가든 눈에 띄었겠지."

그러고는 아무것도 하지 않는다. 아무것도 하지 않으면 실패도 성공도 없다. 인생도 바뀌지 않는다.

나보다 두 살 어린 남동생은 어릴 적부터 공부를 싫어했다. 틈만 나면 오락실에서, 게임방에서 놀기 바빴고 무엇 하나 꾸준하게 하는 게 없었다. 작은 회사라도 들어가 착실하게 살아주면 좋으련만 이런저런 사업에 손대고 실패하기를 반복했다. 사기 업체에 투자해서 얼마 안 되는 돈마저 홀랑 날려먹기도 했다.

그러다 쌀국수 가게를 하겠다고 나섰다. 얼마나 할까 싶었는데 벌써 3년째 동네에서 매출 1위라고 한다. 최근에는 프랜차이즈 사업도 시작했다. 여러 시도 끝에 자신에게 맞는 일을 찾은 동생을 보니, 역시 아무것도 하지 않는 것보다 뭐라도 해야 한다는 걸 실감한다.

부자되기, 더 이상 미루지 말자. 오늘의 투두리스트부터 적어보자. 오늘의 예산을 정해보자. 더 이상 머리로만 생각하지 말고 몸을 움직이자. 스스로 결정하고, 행동하자. 주인공으로 살기 위한 첫 시작이다.

비록 인생이 새드 무비라 하더라도 비련의 여주인공으로 사는 편이 주인공의 친구 1로 사는 것보다 낫다.

평범한 사람은 남들 가진 걸 따라 사지만,
부자는 남들이 갖지 못한 것에 관심이 있다.
부자가 될 우리는 남들이 가진 것이 아니라,
남들이 갖지 못한 것을 갖기 위해
시간과 에너지를 쓰고 종잣돈을 모아야 한다.

○ 2장 ○

MONEY CHANGES EVERYTHING

변화

이루고 싶다면,
먼저 자신을 믿어주자

MONEY CHANGES EVERYTHING

1
—

재테크의 시작은
저축이 아니라 정리

STEP 1 물건 정리

달리기를 하려면 먼저 신발 끈을 단단히 묶어야 한다. 끈이 풀린 채로 달리면 넘어질 수 있다. 불안감에 속도를 높일 수도 없다. 결국 중간에 멈춰 서게 된다. 마인드와 기초 없이 투자로 직행하는 재테크도 마찬가지다. 부자되는 속도를 늦출 뿐이다.

정리는 신발 끈을 단단히 묶는 과정이다. 정리를 통해 전력 질주를 위한 체력과 마음의 준비를 해야 한다. 물건 정리부터 시작하자. 통장도 아니고 물건은 왜 정리하냐고 묻고 싶을 수 있다. 《죽은 자의 집 청소》라는 책에는 이런 말이 나온다.

"참으로 불가사의한 것이 있다면, 쓰레기가 극도로 쌓인 집에는 동전과 지폐가 아무 곳에나 흩어져 이리저리 나뒹군다는 점이다. 꽤 오랫동안 이런 집을 맡아왔지만, 예외 사례를 찾기가 더 힘들다."

물건 정리 안 되는 사람치고 돈 정리 잘하는 사람 없다. 정리는 습관이기 때문이다. 신지도 않는 신발들이 현관에 나와 있고, 먹지도 않을 식재료들이 냉장고에서 썩어가고 있다면 부자되기 어렵다. 쓰지도 않을 물건을 사거나, 이미 있는 물건을 사는 데 돈이 줄줄 새기 때문이다. 재테크를 정리로 시작해야 하는 이유다.

정리는 소비 욕구를 조절하는 데도 도움을 준다. 옷을 사고 싶을 땐 옷장 정리를 해보자. 오래 묵어서 입지 않거나, 사이즈가 맞지 않거나, 사놓고 마음에 들지 않아 방치한 옷들이 차고 넘친다. 당분간 옷은 그만 사야겠다는 생각이 절로 든다.

화장품도 마찬가지다. 화장대 정리를 해보면 각종 샘플과 뜯지도 않은 새 제품들이 어디선가 고개를 내민다. 있는 거 다 쓸 때까지는 화장품 쇼핑 금지라고 다짐하게 된다.

물건을 정리하면서 우리는 결정력을 높일 수 있다. 재테크는 매 순간이 결정이다. 결정이 어려운 사람은 투자가 버겁다. 그래서 자꾸 타인에게 의존한다. 짜장면이냐 짬뽕이냐도 결정 못하는 사람이 투자에 대한 의사결정을 자신 있게 할 리 없다. 물건 정리를 통해 버릴지 남길지 결정하는 과정은 굉장히 좋은 투자 연습이다.

물건은 살 때도 돈이 들지만 버리는 데도 돈이 든다. 그러니 버릴 물건은 애초에 사지 않는 게 좋다. 옷장이 터져나가도 입을 옷이 없는 건 안 입을 옷을 사들였기 때문이다.

소비의 기준을 리스트로 정리하자. 일명 '쓸쓰안쓰 리스트'다. 기준을 정해두면 고통스러운 짠테크를 하지 않을 수 있다.

집이 깨끗하다고 부자가 되는 건 아니다. 모델하우스 같은 인테리어도, 먼지 한 톨 없이 깔끔하지 않아도 된다. 정리를 핑계로 수납용품을 구입할 필요도 없다. 재테크에 있어서 정리는 불필요한 소비를 파악해서 줄이고, 쇼핑이나 집안일에 들어가는 시간과 에너지를 아껴 재테크에 쓰기 위함이다. 우리는 물건 정리를 통해 소비의 기준을 세울 수 있고, 재테크에 필요한 기초 체력도 쌓을 수 있다.

추천하는 정리 순서

지갑 · 가방 정리 ➡ 현관 · 신발장 정리 ➡ 화장대 정리 ➡ 옷장 정리 ➡ 냉장고 · 싱크대 정리 ➡ 책장 · 책상 정리 ➡ 베란다 · 창고 정리

STEP 2 신용카드 · 페이 앱 정리

신용카드, 과감히 잘라버리자. 물론 신용카드는 잘못이 없다. 잘못은 계획 없이 긁어댄 우리에게 있다. 아무리 예산을 꼼꼼하게 짰어

도 매달 달라지는 카드 대금은 다음 달 생활비에 영향을 준다. 카드 값이 많이 나올수록 생활비는 부족해지고, 그럴수록 카드를 더 쓰게 된다. 악순환의 굴레다.

신용카드는 생활비 걱정 없는 부자들이 쓰는 거지, 매달 근근이 살아야 하는 평범한 사람들이 쓰는 게 아니다. 그런데도 각종 할인과 연말 정산, 신용 점수 등의 유혹으로 쉽게 포기하지 못한다.

신용카드에 이별을 고하자. 카드 값 걱정 없는 자유로운 삶이 찾아온다. 자영업자라서 경비 처리를 위해 어쩔 수 없이 신용카드를 써야 한다는 사람도 있는데, 사업자도 체크카드 쓸 수 있다. 유동성을 잘 만들어두고 체크카드를 사용하는 것을 추천한다. 꼭 신용카드를 써야 한다면 고정비 결제만 해서 결제 대금을 일정하게 만드는 게 좋다.

이미 쌓여 있는 할부 등으로 당장 다음 달 생활이 막막하다면 카드 값을 청산할 계획을 세우자. 카드 값을 갚는 동안은 반드시 생존 소비만 해야 한다. 집 나가면 돈이 드니 외출도 최소한으로 하고, 외출 시에는 꼭 쓸 만큼의 현금만 가지고 나가자. 이렇게 살아보면 그간 얼마나 카드에 중독돼 있었는지 알게 된다.

요즘은 각종 페이 애플리케이션으로 0.1초 만에 결제가 가능하다. 한 달 내내 영혼 바쳐 벌어들인 소득인데 이토록 쉬운 결제라니! 벌 때보다 쓸 때 더 힘들어야 이치에 맞지 않을까. 빛의 속도로 결제하는 탓에 빛보다 빠른 속도로 통장이 털린다. 페이 앱도 삭제하자. 생활비 통장과 연결된 체크카드 한 장만 있어도 못할 게 없고 충분하다.

STEP 3 소비 앱 정리

요즘 대부분의 소비는 휴대전화로 시작해서 휴대전화로 끝난다. 장보기부터 배달, 쇼핑은 물론이고 게임이나 웹툰에도 상당한 지출을 한다. 결제하는 순간에는 뇌가 도파민으로 가득 차 멈출 수 없다. 그러니 이성이 있을 때 삭제하자.

앱 삭제는 어려운 일이 아닌데도, 금연이나 다이어트 수준으로 망설이는 사람들도 있다. 장보기 같은 경우 앱이 더 저렴하다며 삭제하지 않겠다고 선언하기도 한다.

삭제한다고 큰일 나지 않으니 고민은 접고 시원하게 싹 날리자. 쇼핑 앱들은 시시때때로 할인과 이벤트를 알려주면서 잠자던 소비 세포를 깨운다. 앱을 삭제하는 것만으로도 각종 마케팅과 유혹으로부터 잠시 거리를 둘 수 있다. 그래도 여전히 망설여진다고? 필요하면 다시 설치하면 그만이다. 그들의 마케팅이 아니라 나의 필요에 의해 필요한 소비를 하는 게 핵심 포인트다.

STEP 4 수입·지출 정리

수입과 지출을 정리하는 목적은 저축 가능한 금액을 찾는 데 있다. 먹고 쓸 돈도 없는데 저축이 웬 말이냐는 사람도 있겠지만, 작고 귀여운 월급이어도 괜찮고 적자뿐인 지출도 괜찮다. 주식도 바닥을 찍어야 상승을 하듯, 인생도 바닥을 찍어야 반전이 나온다. 지금이 바닥이라면 앞으로는 좋아질 일만 남은 셈이니 걱정은 내려놓고 시작해보자.

일단 통장 입금 내역과 카드 명세서(최소 3개월치)를 출력하고 형광펜을 준비한다. 파일로 받아도 되는데, 출력하면 책 한 권 두께인 경우도 있어 충격요법으로 꽤 효과가 있다. 3개월을 보는 이유는 지출이 매달 같지 않으니 평균을 확인하기 위함이다.

생각보다 많은 이들이 자신의 수입과 지출을 정확히 모르고 산다. "수입은 뭐 월급뿐이지"라고 끝내지 말고 꼼꼼히 살펴보자. 생일이라고 부모님이 챙겨주신 용돈이나, 회사에서 받은 상품권 같은 것도 수입이다.

지출은 고정비/변동비로 나눈 뒤 다시 세부적인 카테고리를 만든다. 이 카테고리는 사람마다 다르므로 다른 사람의 기준보다는 자신만의 카테고리를 만드는 게 좋다. 식비/문화생활비/휴대전화요금/각종 구독비 등으로 구분해서 별도의 종이나 엑셀에 기입해

나가면서 한 달간의 지출 규모를 파악하고 3개월간의 차이도 파악해보자.

지출 정리에서 가장 중요한 건 낭비성 지출을 찾아내는 것이다. 지출 내역을 쭉 훑어보면서 낭비성 항목들에는 형광펜으로 줄을 긋자. 나는 2018년에 첫 재테크 강의를 했다. 그때 수강생들과 함께 지출 분석을 했는데 한 페이지 대부분이 형광으로 빛나는 사람도 있었다. 이런 지출만 저축으로 돌려도 부자되는 속도를 훨씬 당길 수 있다.

낭비성 지출 항목은 주로 카페, 베이커리, 편의점, 인터넷 쇼핑몰, 택시 등이다. 업무적인 지출이 아니었거나 기억이 나지 않는다면 과감하게 칠해주자. 형광펜으로 표시된 금액을 모두 합한 뒤 3으로 나누면 한 달에 추가로 저축 가능한 금액을 대략 파악할 수 있다.

비슷한 곳에서 비슷한 시간대에 비슷한 금액을 지출하는 패턴도 찾을 수 있다. 무의식적으로 소비가 일어나는 순간이고, 거기가 바로 짠테크 포인트다. 이런 소비만 좀 줄여도 큰 효과를 볼 수 있다.

수입이 지출보다 압도적으로 많거나, 지출이 너무 없어 돈이 남아돌기 전까지 앞으로는 매달 수입과 지출을 정산하면서 낭비를 점검하고 줄일 계획을 세워야 한다. 이런 정산 과정 없이 가계부를 쓰는 건 무의미한 시간 낭비이자, 손목에 무리가 가는 노동일 뿐이다.

택시비: 시간에 늦어 택시를 타는 일은 하지 말자.

네일아트: 돈에 신경 쓰지 않고 할 수 있다면 해도 된다. 돈이 없는데 스트레스를 핑계로 받는 건 반대다. 네일아트는 어차피 지워지고, 스트레스는 어차피 또 쌓인다.

카페에서 먹는 디저트: 카페를 갔으면 커피만 마시자. 밥 먹는 배 따로, 커피 마시는 배 따로, 디저트 먹는 배 따로라고? 그러다 다이어트 제품도 사야 된다.

1:1 피트니스: 돈 걱정 없이 PT를 하기 전까지 운동은 걷기, 달리기, 훌라후프, 줄넘기 등등으로 충분하다.

해외여행: 부자언니가 여행은 주식 배당금으로 가는 거라고 했다. 자본소득을 만들 때까지는 좀 참자. 황금 알을 낳아줄 거위를 만들고 나서 가도 충분하다.

1+1, 2+1 상품: 필요한 물건을 필요한 만큼만 사는 습관이 중요하다.

간식: 떡볶이, 과자, 아이스크림 먹으면서 영양제 먹는 건 이해가 안 된다. 애초에 건강한 음식을 먹는 습관을 들이자.

무제한 통신 요금: 회사에서 통신비를 지원해주는 게 아니라면, 당장 휴대전화 요금부터 낮추자. 부자가 되려면 조금 불편하게 사는 것도 감수해야 한다.

수납용품: 물건 정리하라고 하면 다들 수납용품부터 산다(나도 그랬다). 수납이 아니라 필요 없는 것, 많이 가진 것들을 파악하는 과정이니 절대 사지 말자. 나중에는 수납용품마저 내다 버리느라 고생만 더 가중된다.

집에서 입을 옷: 집에서 입을 옷은 이미 차고 넘친다. 옷장 정리하면 꼭 나온다. 버리기는 아깝고 밖에서 입기 애매한 그런 옷. 게다가 지금 집에서 벗고 있는 것도 아닌데 또 살 필요가 전혀 없다.

STEP 5 자산 정리

"이렇게 통장이 많은 줄 몰랐네요!"

"통장의 용도를 생각해본 적이 없었어요."

"약관대출이 있는 줄 몰랐어요. 이자가 얼마 안 돼서 까맣게 잊고 있었네요."

자산 정리를 한 사람들의 반응이다. 이런 분도 있다.

"생각보다 제가 모아둔 돈이 꽤 되더라고요. 갑자기 마음에 여유가 생겼어요."

나 역시 자산을 정리하면서 생각보다 돈이 없지 않다는 걸 알게됐다. 여기저기 흩어져 있어 정확한 파악이 안 됐던 거다.

이제부터 한 달에 한 번, 금융 자산과 대출, 부동산 등의 자산을리스트로 만들고 매달 월말 정산할 때 현재 가치를 확인해서 적어주자. 그렇게 하면 자산 가치의 오르내림을 파악할 수 있어 적절하게 돈의 위치를 바꾸는 데 도움이 된다.

또, 흩어져 있던 현금성 자산들을 한곳으로 모아 종잣돈으로 관리해야 기회가 왔을 때 투자에 뛰어들 수 있다. 기회가 열 번이 와도 종잣돈이 없으면 그냥 구슬에 불과하다. 구슬을 꿰어 보배로 만들려면 자산 정리는 필수다.

전체 금융 자산과 부동산 자산을 표로 정리해보자. 금융 자산의 경우 계좌정보통합관리서비스(https://www.payinfo.or.kr/payinfo.html)를 이용해보자. 1금융권, 2금융권, 보험, 증권 등의 금융 자산은 물론 카드사 포인트까지 한눈에 확인할 수 있다.

예적금

금리가 워낙 낮다 보니 특판 예금이 떴다 하면 묻지도 따지지도 않고 가입하는 경우들이 있다. 나는 그다지 선호하지 않는데, 특판 예금이나 적금은 가입 기간이나 금액에 제한을 두거나 추가적인 상품 가입 또는 카드 사용과 연계해서 조건부 우대금리인 경우가 많기 때문이다. 특판과 일반 예적금 상품의 금리 차이는 보통 연 1~2% 수준이다.

그 정도의 추가 이자를 위해 선착순 핫딜처럼 악착같이 가입하는데 에너지를 쏟기보다, 짠테크로 아끼면서 착실하게 종잣돈을 모으고 경제 공부와 투자 준비를 하는 게 돈, 시간, 에너지를 고려했을 때 수익률이 더 높다고 생각한다.

진짜 부자가 되고 싶다면 0.1%, 1%에 집착하지 않아야 한다. 기회가 오면 주식이나 부동산 투자도 해야 하는데 이때 가장 경계해야 하는 태도가 1%, 2%에 연연하는 거다.

주식 거래를 할 때 무조건 낮은 금액에 매수 주문을 걸어놓거나, 반대로 높은 금액에 매도 주문을 걸어두고 기도하는 마음으로 하루에도 몇 번씩 계좌에 들락날락하는 사람들이 있다.

그러다 결국 거래에 실패하고 다음 날이 되면 어제 사려던 가격보다 더 오르거나, 팔려던 가격보다 내려가서 후회한다. 소탐대실이다.

더구나 예적금은 이자로 자산을 늘리는 게 아니라 종잣돈을 모으고 저축하는 습관을 잡는 데 의미가 있다. 그러니 얼마 안 되는 이자에 갈대처럼 흔들리지 말고, 모아나가는 데 더 집중했으면 한다 (물론 작고 귀여운 이자도 우리에겐 매우 소중하다).

특판이나 고금리라는 마케팅에 휘둘려 자금을 쪼개서 가입하는 경우 돈이 모이는 느낌이 잘 들지 않는다. '어차피 돈도 얼마 안 되는데 해지해서 쓸까?' 하는 충동도 생기기 쉽다. 물론 잘 활용하는 사람도 있다. 어디까지나 개인적인 의견이니 자신에게 맞는 선택을 하자.

현재 가입돼 있는 예적금에 들어 있는 금액, 월별 적립 금액, 금

알아두면 좋은 예적금 꿀팁

예금자보호제도
각 금융기관별로 1인당 5,000만 원까지 보호되나, 이자는 대상이 아니고 원금을 돌려받는 데 2~3개월의 시간이 걸린다. 최근 한도를 1억 원으로 상향하는 법안이 준비 중인 것으로 알고 있다. 우체국 상품은 우체국 예금·보험에 관한 법률에 따라 정부가 예금 전액을 보장한다.

저축은행 예적금 시 확인해야 할 점
1. BIS 비율 : BIS(Bank for International Settlement) 비율이란 은행의 자기자본비율로, 은행의 건전성을 점검하는 지표로 사용된다. BIS가 높을수록 안정성이 높다고 해석할 수 있으며 통상 80% 이상 유지하는 것이 권고된다.
2. 고정이하여신비율 : 돌려받지 못할 확률이 높은 대출금으로, 비율이 낮을수록 좋다.

리, 만기 일자, 만기 해지 시 받을 수 있는 금액 등을 엑셀이나 노트에 표로 정리하고 가입한 목적을 적어보자. 별도의 목적이 있는 예적금이라면 유지하고, 그렇지 않다면 금리가 제일 좋거나 이용이 편리한 상품 한 개로 뭉쳐주자.

흩어진 계좌 3~4개만 합쳐도 목돈이 생긴다. 그간 늘 돈이 없다고 생각하다가 뭉치로 모아놓고 보면 든든한 마음이 든다. '조금만 더 모으면 3,000만 원이 되는구나', '몇 달만 더 저축하면 5,000만 원이 되겠구나' 하는 셀프 동기부여도 된다.

보험

정리 안 된 채 갖고 있기 쉬운 금융 자산 중 으뜸은 보험이다. 하나쯤 있어야 한다고 해서 암보험, 내가 없어도 가족들은 먹고살아야 하니 종신보험, 노후 대비에 필수라고 해서 연금보험 등 하나둘 가입하다 보면 어느새 한 달에 수십만 원에서 100만 원 이상이 보험료로 지출된다.

특히 연금도 되고, 종신도 되고, 아플 땐 보장도 되는 만능 보험이라며 수십만 원씩 고정으로 내는 사람들도 꽤 있다. 싱글일 때 엄마가 사인하라고 해서 가입했다가 결혼하면서 몽땅 해지하고 새출발을 하는 경우도 많다.

보험은 제대로 알고 가입하기가 쉽지 않다. 하지만 어려워도 꼼꼼히 들여다봐야 한다. 잘 모르겠다고 냅다 설계사를 찾아가면 기존 보험 해약 후 신규 보험만 가입하고 올 수 있다. 설계사가 사기꾼이라서가 아니다. 보험 상품도 계속 새로워지기 때문이다. 스스로 판단할 수 있어야 설계사의 권유에 "예스" 혹은 "노"를 할 수 있는데, 기준이 없으면 설계사 말이 전적으로 맞는 느낌이 들 수밖에.

부자가 되기 전에 아프거나 병에 걸리면, 그간의 재테크가 몽땅 흔들릴 수 있다. 보험은 그 리스크를 대비하는 용도여야 한다. 고정비를 줄일 때 제일 먼저 보험부터 줄이려고 하는데, 무조건 없애지 말고 필요와 목적을 잘 이해하고, 어떤 질병이나 사고에 대비해야 하는지 스스로 기준을 세우자.

또, 목적에 맞는 상품에 각각 가입하는 게 좋다. 연금, 종신, 보장을 하나로 묶어서 가다가 유지를 못하면 오히려 낭패다. 세상에 나쁜 보험은 없다. 나쁜 선택만 있을 뿐이다.

아! 그리고 제발 아이들 보험 빵빵하게 들어준다고 무리하지 말자. 지금 우리처럼 그 아이도 나중에 결혼하면 다 해지한다니까.

1. **종신보험 대신 정기보험으로 보험료 낮추기**

종신보험이나 정기보험 둘 다 사망을 보장해주지만, 종신보험은 사망 시점까지 평생 보장해주고, 정기보험은 계약으로 기간을 정해 그 기간만큼만 보장해주는 차이가 있다. 당연히 종신보험보다 정기보험의 보험료가 훨씬 저렴하다.

사망 보장이 필요하되, 아이들이 성인이 될 때까지만 필요하다면 정기보험으로 필요한 보장을 받되 비용을 낮출 수 있다.

2. 새로운 계약 전에 중도부가 알아보기

기존에 가지고 있던 계약에 새로운 특약을 추가할 수 있다. 보험사마다 차이가 있으나 일반적으로 최초 계약 뒤 1~6개월이 지나면 가입이 가능하다. 단, 보험사마다 그리고 상품마다 가능 여부는 다를 수 있으니 확인이 필요하다.

3. 해지 말고 고려해볼 만한 다양한 제도들

감액 완납, 보험금 감액 등의 제도를 활용해서 해지하지 않고 보험료를 줄이는 방법도 있고, 보험료 납입을 유예할 수도 있으며, 중도 인출 등을 활용해서 그동안 납입했던 적립금의 일부를 먼저 찾아 쓸 수도 있다.

4. 적극적인 추가 납입 & 펀드 변경으로 관리

변액보험으로 수익을 높이려면 시장 상황에 맞춰 펀드 변경과 추가 납입을 해야 한다. 가입만 해놓고 방치하고 있는 변액보험이 있다면 설계사를 통해 문의하고 적극적으로 수익률을 관리하자.

보험은 어렵다. 보험 정리가 자산 정리의 첫 번째 고비가 될 수 있는데 포기하지 말고 차근차근 정리하자. 불필요한 보험을 없애거나, 감액 완납 등을 활용하는 것만으로도 종잣돈 모으는 시간을 훨씬 당길 수 있다.

대출

대출 없는 사람을 찾아보기 힘든 세상이다. "요즘 빚 없는 사람이 어디 있어?"라며 방치해왔다면 정리를 시작하자. 각종 담보대출, 신용대출, 학자금대출, 약관대출, 카드 할부, 카드론을 포함해 가족이나 지인으로부터 빌린 사채까지 모두 종이에 써보자. 남아 있는 대출 원금, 금리, 매달 상환해야 하는 금액 등을 기록하고 대출 상환 계획을 세우자.

담보대출은 자산을 처분하면 갚을 수 있기에 다른 것보다 여유가 있다. 하지만 2금융권에서 받은 고금리 대출이나 카드론의 경우는 이자가 매우 비싸다. 이런 빚은 투자로 돈을 불려서 갚을 생각일랑 버리고, 최우선순위로 차곡차곡 상환해야 한다.

그렇지만 대출 상환에 올인은 반대다. 고금리 대출이라고 돈이 생기는 족족 갚느라 여유자금이 없으면, 질병이나 사고 등으로 갑작스럽게 돈이 필요할 때 또다시 대출을 받아야 하기 때문이다. 급할수록 1금융권 대신 비싼 대출에 손을 벌리게 된다. 대출 상환도 계획을 세워 야무지게 하자.

가족이나 지인 간 대출의 경우, 빌려준 사람은 꼭 받을 생각인데 빌린 사람 입장에선 우선순위가 최하위인 경우가 많다. 갚긴 갚을 건데 급하지 않다거나 안 갚아도 된다고 말하는 경우를 진짜 많이 봤다.

돈보다 소중한 관계가 틀어지는 걸 원치 않는다면 무조건 최우선으로 갚겠다는 각오를 해야 한다. 가족 간에, 지인 간에 이런 일이 생기지 않도록 애초에 재정 관리를 잘하는 게 더 중요하겠지만.

대학원 시절 학자금대출을 두 번 받았고, 다 갚는 데 무려 7년이 걸렸다. 대출은 아무리 적은 금액이라도 쉽게 털어지지 않는다. 대출 상환보다 더 중요한 지출들이 항상 있기 때문이다. 그러니 대출받아서 투자할 생각일랑 아예 하지 말자. 운 나쁘면 대출 이자는 이자대로, 손실은 손실대로 메워야 하는 이중고에 시달릴 수 있다.

증권 계좌

요즘은 주식투자 안 하는 사람을 찾기가 더 어려울 정도로 전 국민이 증권시장에 뛰어들고 있다. 2004~2005년만 해도 펀드조차 모르는 사람이 많았는데 말이다. 증권사에서도 고객을 유치하기 위해서 평생 수수료 무료 같은 이벤트나, 가입하면 해외 주식을 주는 이벤트를 내걸기도 한다. 그러다 보니 자연스럽게 계좌가 하나둘 늘어나 수익은 별로인데 통장 개수만 부자인 사람들이 많다.

사용하지 않는 증권 계좌나 1~2주씩만 들어 있는 증권 계좌는 메인 계좌로 이관하고 정리하자. 방치되는 계좌에 둬봤자 관리도 안 되고 워낙 소액이라 주가가 몇 배로 상승한다 해도 큰 의미가 없다.

남의 말 듣고 산 종목이나, 사야 할지 팔아야 할지 모르겠는 종목은 미련 없이 팔자. 계속 가지고 있다고 해서 판단이 설 것도 아니니까 말이다. 물론, 이미 부자라면 그냥 둬도 된다. 하지만 종잣돈이 부족하고 투자에 대한 마인드와 지식도 부족하다면, 과감하게 현금화해서 종잣돈으로 뭉쳐주자.

시간은 공평하지 않다, 정리는 우리의 힘

부자나 가난한 사람이나 하루는 24시간으로 평등하게 주어지지만, 절대 공평하지는 않다. 영화 〈인타임〉은 시간이 곧 돈이자 생명인 사회를 표현한 SF 영화다. 부자들은 수백 년 이상의 시간을 보유하고 거의 영생을 누리지만, 가난한 사람은 하루 남짓한 시간만 가진 채 아등바등 목숨을 부지한다. 살기 위해 매일 노동으로 시간을 벌고, 다시 노동에 시간을 쓴다.

영화가 극단적으로 표현하긴 했지만, 현실도 크게 다르지 않다. 부자들은 본인의 사업을 하는 경우가 대부분이다. 자신의 부를 위해 시간을 쓰는 것이다. 하지만 대부분의 평범한 사람들은 그렇지 못하다. 먹고사는 데 필요한 돈을 벌기 위해서 매일 일정 시간을 자본가들을 위한 노동에 쓴다.

나머지 시간은 휴식을 취하거나 일상적인 일을 하기에도 부족하다. 저녁을 먹고, 치우고, OTT를 보면서 맥주를 마시고 치운다. 밀린 집안일을 하거나 아이들을 챙기다 보면 잘 시간을 훌쩍 넘기기도 한다.

주중에 쌓인 피로로 주말에 몰아서 자거나, 스트레스 해소를 위해서 외식이나 쇼핑도 해야 한다. 직장인들의 흔한 삶이다. 부자가 되기 위해, 자본가가 되기 위해 쓸 시간은 애당초 별로 없다.

자본가가 되려면, 지금까지와는 다르게 시간과 돈을 써야 한다. 재테크의 시작을 정리로 하는 이유는, 주어진 시간과 돈을 부자되는 곳에 쓰기 위함이다. 정리를 통해 소비 기준을 정해서 낭비되던 돈을 종잣돈으로 모을 수 있다.

다시 정리할 필요가 없게끔 정리하면, 매번 정리에 들였던 시간과 수고를 아낄 수 있다. 내 옷장에는 사계절 옷이 모두 걸려 있다. 계절이 바뀌어도 옷장 정리를 하지 않는다. 가계부도 적지 않는다. 체크카드를 사용하니 통장 내역이 곧 가계부다.

이미 정리가 돼 있는 일상을 만들어서, 부자가 되는 것에 시간과 돈을 써야 한다. 그래야 원하는 인생에 가까워질 수 있다.

재린이유치원생들은 어떻게 정리했을까

재린이유치원은 2020년부터 '부자언니' 카페에서 개설한 재테크 초보들을 위한 기초 과정이다. 재린이유치원에 오면 자산과 라이프스타일을 꼼꼼하게 돌아보고 정리하면서 삶의 방향을 다시 세팅하게 된다. 이 과정을 통해 몰랐던 자기 자신을 새롭게 발견하기도 하고, 부자가 될 수 있다는 자신감도 얻는다. (본문에 나오는 재린이유치원 회원 이름들은 가명이다.)

○ **옷장·신발장 정리**

저는 플랫슈즈와 구두를 무척 좋아했어요. 마음에 들면 돈이 있든 없든 충동적으로 구매를 했죠. 신용카드가 있으니 옷도 예쁘면 다 샀어요. 그렇게 한 번에 20~30만 원 이상 쓰다 보면 한 달 카드 값이 200~300만 원 정도 나오곤 했습니다. 사실 평균을 낼 수 없을 정도로 즉흥적인 지출이 많았습니다.

옷장과 신발장 정리를 한 뒤 지금은 선 계획, 후 소비를 하고 있습니다. 충동 지출을 방지하기 위해 아울렛을 가지 않고, 아이쇼핑도 하지 않습니다. 1년 반 동안 신발과 옷을 거의 사지 않았습니다. 이제 신발은 밑창이 떨어지지 않으면 사지 않습니다.

—이하은(27세)

○ **자산 정리**

내 돈이 어디에 얼마나 있는지 몰랐는데 자산 정리를 해보니 숨겨진 돈이 생각보다 많다는 것을 알았습니다. 통장을 정리하면서 생활비 통장, 비상금 통장, 저축금 통장을 구분하였습니다. 저축금 같은 경우 대부분 보험 상품으로 넣었는데, 보험보다 유동성이 좋은 현금으로 저축하며 종잣돈을 한곳에 모았습니다. 월 보험료를 209만 원에서 130만 원으로 줄이면서 월 저축액을 약 79만 원 늘릴 수 있었고, 이 돈을 종잣돈에 추가로 모으면서 로드맵도 훨씬 앞당겨졌습니다.

−김예진(35세)

○ **가계부 작성 및 냉장고 정리**

가계부를 작성할 때마다 '줄일 게 없다', '써봤자 소용없다'라고 생각하며 기록하는 데 그쳤습니다. 식비가 정확히 얼마나 드는지도 모르는 채 '얼마 정도 썼겠지'라고 막연히 추측과 상상을 하였습니다.

주간 정산과 월말 정산을 하면서부터 식비가 매달 평균 80만 원씩 든다는 것을 알았고, 그 후 식단을 짜고 냉장고 정리를 하면서 식재료 구매 비용을 줄여 현재는 4인 가족 식비로 월 40~50만 원대를 유지하고 있습니다.

−임수빈(37세)

나는 내가 부자될 날을 알고 있다
1

내가 60억 자산가가 된다고?

드디어 로드맵을 만날 시간이다. 앞서 물건 정리, 자산 정리를 쭉 했는데 바로 이 로드맵을 위한 준비운동이었다. 로드맵은 핏빛 목표가 없어도 부자를 향해 꾸준히 나아갈 수 있게 해주는 강력한 재테크 도구다.

부자언니를 처음 만나 부자라는 꿈을 갖게 된 것도, 뚜렷한 목표가 없던 내가 10년 넘게 재테크를 이어올 수 있었던 것도 바로 이 로드맵 덕분이었다.

거두절미하고, 로드맵 그리기를 시작해보자. 이미 수입·지출 정리, 자산 정리를 했다면 바로 시작하고, 아직 정리 전이라면 대략적인 금액으로 해도 된다. 정리가 안 됐다고 책을 덮거나 그냥 넘어가지 말고 꼭 같이 해보자.

어렵지 않고, 연습이니까 정확하지 않아도 된다. 준비물은 종이와 볼펜, 계산기다. A4 용지에 그려도 되고, 업무용 다이어리도 좋고, 이면지도 훌륭하다. 물론 엑셀과 같은 프로그램을 사용해도 좋다.

쉬운 이해를 위해 등장인물 한 명을 소개한다. 반드시 부자가 되기로 마음먹은 '김재린' 양이다. 현재 30세이고 월소득은 200만 원이다. 100만 원은 생활비로 쓰고 100만 원은 저축해서 지금까지 모은 돈이 1,000만 원 있다.

부자언니가 《부자언니 부자특강》에서 알려준 대로 수익률을 15%로 정하고 로드맵을 그려보면 〈표 2-1〉과 같다.

숫자 울렁증이 있다면 살짝 어지러울 수 있다. 차근차근 설명할 테니 걱정은 내려놓자.

김재린 양은 한 달에 100만 원을 저축하므로 1년에 1,200만 원을 저축할 수 있다. 모아놓은 돈 1,000만 원이 있으니 첫해에 2,200만 원을 만들 수 있다(1,200만 원 + 1,000만 원).

이 2,200만 원으로 15%의 수익률을 내면 다음 연도에는 2,530만 원이 된다(2,200만 원 × 1.15. 1은 원금이고 0.15는 수익률이다). 이해했기를 기도한다.

매년 1,200만 원을 저축하고 수익률 15%를 달성하면 재린 양은 60세에 60억 원대 자산가가 된다. 너무 비현실적이라 정말 가능하냐고 물어보고 싶겠지만, 질문은 뒤로 미루고 계산에 집중하자.

이 정도 계산은 할 수 있을 거라 믿는다. 여기까지 했다면 로드맵의 기본은 이해한 것이다.

자, 이제 응용으로 넘어가자. 재린 양이 아무리 생각해봐도 매년 1,200만 원씩 저축하기는 불가능할 것 같다. 당장 직장을 때려치우고 싶은 마음이 굴뚝같으니 말이다.

마흔 살까지만 일하고, 마흔한 살부터는 저축하지 않는다는 가정으로 로드맵을 다시 한 번 작성해봤다(표 2-2).

마흔한 살부터는 저축액이 0원이다. 하지만 자산을 불리기만 해도 60세에 50억 원대 자산가가 된다. 처음보다 약간은 현실적이지만, 여전히 마음에 걸리는 게 있다. 바로 수익률이다.

매년 15%씩 수익률을 낼 자신이 없다. 아직 예적금밖에 모르는 재린 양이기 때문이다. 그래서 수익률을 8%로 낮춰 다시 해봤다(표 2-3).

수익률 8%만 꾸준히 달성해도 60세에 10억 원대 자산이 된다. 이제 재린 양은 한결 마음이 가벼워졌다. 자신감도 생겼다. 벌써 10억 원을 가진 기분이다. 해가 갈수록 연봉이 오르는 만큼 저축을 늘릴 수도 있고, 결혼하면 맞벌이도 할 테고, 은퇴를 다소 늦출 수도

| 표 2-1 | 30세에 시작해 매년 1,200만 원씩 저축하고 수익률이 15%일 때의 로드맵

(단위: 만 원)

연도	2023	2024	2025	2026	2027	2028	2029	—	2051	2052	2053
나이	30	31	32	33	34	35	36	—	58	59	60
목표	1,000	2,530	4,290	6,313	8,640	11,316	14,393	—	501,469	578,070	666,160
저축액	1,200	1,200	1,200	1,200	1,200	1,200	1200	—	1,200	1,200	1,200
합계	2,200	3,730	5,490	7,513	9,840	12,516	19132	—	502,669	579,270	667,360

| 표 2-2 | 30세부터 40세까지 매년 1,200만 원을 저축, 수익률이 15%일 때의 로드맵

(단위: 만 원)

연도	2023	2024	2025	2026	2027	2028	2029	—	2051	2052	2053
나이	30	31	32	33	34	35	36	—	58	59	60
목표	1,000	2,530	4,290	6,313	8,640	11,316	14,393	—	411,712	413,469	544,489
저축액	1,200	1,200	1,200	1,200	1,200	1,200	1,200	—	0	0	0
합계	2,200	3,730	5,490	7,513	9,840	12,516	19,132	—	411,712	473,469	544,489

| 표 2-3 | 30세부터 40세까지 매년 1,200만 원을 저축, 수익률이 8%일 때의 로드맵

(단위: 만 원)

연도	2023	2024	2025	2026	2027	2028	2029	—	2051	2052	2053
나이	30	31	32	33	34	35	36	—	58	59	60
목표	1,000	2,376	3,862	5,467	7,200	9,072	11,094	—	88,451	95,527	103,169
저축액	1,200	1,200	1,200	1,200	1,200	1,200	1,200	—	0	0	0
합계	2,200	3,576	5,062	6,667	8,400	10,272	12,294	—	88,451	95,527	103,169

| 표 2-4 | 30세부터 40세까지 매년 1,200만 원 월급 저축, 수익률이 8%이고 경제위기 시 수익률이 50%일 때의 로드맵

(단위: 만 원)

연도	2023	2024	2025	2026	2027	2028	2029	—	2051	2052	2053
나이	30	31	32	33	34	35	36	—	58	59	60
목표	1,000	2,376	3,862	7,593	13,190	21,585	24,607	—	433,787	468,490	505,969
저축액	1,200	1,200	1,200	1,200	1,200	1,200	1,200	—	0	0	0
합계	2,200	3,576	5,062	8,793	14,390	22,785	29,072	—	433,787	468,490	505,969

있으니 해볼 만하다는 생각이 든다.

그런데 한 가지가 빠졌다. 바로 경제위기다. 부자언니는 《부자언니 부자특강》에서 말했다. 부자들은 위기를 기회로 만든다고. 위기가 오면 자산을 저렴한 가격으로 사들여 큰 수익을 낼 수 있다면서 3년 정도는 50% 수익으로 로드맵을 그리라고 했다.

그럼 우리도 해보자. 그런데 경제위기가 언제 올지 알 수 없으니 적당히 예상해서 넣어보자. 재린 양은 2026년부터 2028년까지 3년간, 2036년부터 2038년까지 3년간의 수익률을 50%로 해서 다시 계산해보았다.

〈표 2-4〉를 보니 결과가 놀랍다. 경제위기 두 번을 가정했을 뿐인데 10억에서 50억 원으로 자산이 껑충 뛰었다. 경제 공부, 투자 연습 꼭 해야 되겠다는 생각이 절로 든다.

그런데 경제위기 시 수익률 50%는 정말 가능한 걸까? 의심이 든다. 그래서 내 계좌를 가져왔다. 〈그림 2-1〉을 보자.

2020년 5월에 2억 원이 약간 안 되던 모 주식 계좌가 2021년 1월에는 5억 원이 넘었다. 코로나19 시기, 3년도 아니고 1년 새 100% 이상의 수익이 났으니 경제위기 시 수익률 50%에 대한 의심은 거두고, 위기를 기회로 만들 궁리만 하자.

자, 이제 본격적으로 각자의 로드맵을 작성해볼 시간이다. 이쯤에서 질문들이 쏟아져 나올 것이다.

| 그림 2-1 | 2020년 5월부터 2021년 1월까지의 주식 계좌

"프리랜서라 수입이 들쭉날쭉한데 어떻게 그려야 되나요?"

"무직이라 현재 수입이 없는데요."

"대출 있는데 그것부터 갚아야 하는 거 아니에요?"

"돈 관리는 남편이 해서 잘 몰라요."

"부동산은 자산에 넣어요, 말아요?"

정답은 없다. 스스로 기준을 정하면 된다. 이렇게 말하면 또 어렵다고 지레 포기할까 봐 정해드린다. 맘에 안 들면 따라 하지 않아도 괜찮다. 중요한 건 자신만의 로드맵을 그리는 거지, 남이 정해주는 기준이 아니니까.

프리랜서(혹은 자영업자)라 수입이 일정치 않아요

최근 3~6개월간의 소득 평균을 내어 월소득으로 정하면 된다. 더 추천하는 방법은 수입 통장과 급여 통장을 분리하는 것이다. 100만 원이든 1,000만 원이든 수입이 발생하면 수입 통장에 넣어두고, 매달 일정한 금액을 정해 스스로에게 급여를 주는 거다. 그렇게 하면 로드맵을 그리기도 편하고, 수입이 불규칙하더라도 지출은 규칙적으로 유지할 수 있다.

프리랜서라고 계획을 세우기 어렵고, 직장인이라고 수월한 것이 아니다. 수입은 일정해도 지출이 일정치 않은 직장인이 쌔고 쌨다. 계획은 누구나 어렵고 실천은 더더욱 어렵다. 유연하게 시작해보자.

무직이라 수입이 없는데요

두 개의 로드맵을 그려보자. 현재 가진 자산으로 한 번, 6개월 후 취업했다고 가정하고 한 번. 로드맵을 그려보면 무슨 일이 있어도 취업을 해야겠다는 생각이 들 게 분명하다.

계획이 있어서 일을 쉬고 있거나, 건강상의 이유가 있다면 재테크는 다음 단계에서 시작해도 된다. 그러나 의도치 않은 실직이라면 수입을 만들 방법을 찾아야 한다.

남들은 달리고 있는데 혼자 뒷걸음질 치는 것 같다고 우울해하지 말고, 아르바이트도 좋고 앱테크나 블로그 체험단도 좋으니 돈을 벌 궁리를 해보자. 무소득의 시간이 길어질수록 우울증이나 무기력증이 올 가능성이 커진다.

다양한 버전의 로드맵을 그려보면서 의지를 한 번 더 다지는 시간을 가져보길 바란다.

돈 관리를 남편이 해요

경제권이 배우자에게 있는 경우 로드맵 작성을 어려워한다. 무직과 비슷한 느낌인 게 자신이 관리하는 자산도, 저축할 수 있는 소득도 없어서 로드맵이 의미가 없다고 생각한다. 하지만 경제권의 유무는 중요하지 않다. 돈 관리는 잘하는 사람이 하는 게 당연히 더 효율적이다. 굳이 배우자에게서 돈 관리를 넘겨받으려 하지 말고, 할 수 있는 것부터 시작하는 게 좋다. 만약 생활비나 용돈을 받고 있다면 1,000원, 1만 원이라도 남기는 것부터 출발하면 된다.

이 문제로 다투는 가정도 많이 보았는데 굳이 부담과 리스크를 짊어질 필요가 없다. '이번 달은 5만 원이라도 남겨봐야지' 하는 소소한 목표도 충분하다. 언젠가 배우자가 자연스레 먼저 경제권 양도를 제안해올 것이다.

대출 있는데 어떻게 해요

금리가 낮을 때는 대출을 서둘러 갚을 이유가 없지만, 금리가 높을 때는 대출부터 상환해야 한다. 이자도 비싸거니와 수익을 내야 한다는 조바심 때문에 잘못된 선택을 할 가능성이 크기 때문이다. 특히 카드론 같은 고금리 대출이 있다면 반드시 대출부터 갚아야 한다.

이럴 때는 대출 상환 로드맵을 그려보자. 현재 대출 잔액에서 매달 갚아나갈 금액씩 차감해나가는 거다. 역시 다양하게 그려볼 수 있다. 대출 상환 후 저축하는 로드맵도 그려보고, 양념 반 프라이드 반처럼, 대출 상환 반 저축 반 하는 로드맵도 그려보면서 스스로 결정해보자.

대출이 많더라도 너무 좌절하지 말자. 나도 마이너스로 시작했다. 어떤 일이든 시작이 있으면 끝이 있는 법이다.

로드맵에 부동산 넣어요, 마요

부동산에 전 재산이 들어가 있는 경우, 로드맵에서 부동산을 빼고 나면 자산은 제로 또는 마이너스일 수 있다. 부동산은 수익을 눈으로 확인하기 어렵고, 매년 실현할 수도 없으므로 로드맵에서는 빼되, 매달 시세를 확인하면서 가격 추이를 보는 걸 추천한다.

만약 부동산을 뺀 로드맵이 초라하게 느껴진다면 넣고 그려도 된다. 둘 다 해보고 마음에 드는 걸 고르셔도 된다. 아무래도 괜찮다는 얘기다. 정답은 본인에게 있다. 하지만 자동차나 실손보험 등은 제외하고 그리자.

표 2-5 | 장기 로드맵 예시

(단위: 만 원, 수익률 10% 가정 저축액은 단리계 설정)

연도	2024	2025	2026	2027	2028	2029	2030	2031	2032	2033	2034	2035	2036	2037	2038
나이	31	32	33	34	35	36	37	38	39	40	41	42	43	44	45
용도 (전세보증금 제외)	2,400	5,280	8,668	12,614	17,176	22,413	28,395	34,974	42,212	50,173	58,930	86,823	97,706	109,677	122,844
저축액	2,400	2,600	2,800	3,000	3,200	3,400	3,400	3,400	3,400	3,400	20,000	2,000	2,000	2,000	2,000
합계	4,800	7,880	11,468	15,614	20,376	25,813	31,795	38,374	45,612	53,573	78,930	88,823	99,706	111,677	124,844
하고 싶은 것	이사					구럽여행					내 집 마련				

표 2-6 | 단기 로드맵 예시

(단위: 만 원, 단기 로드맵과 함께 매달 점검)

항목	2024-01	2024-02	2024-03	2024-04	2024-05	2024-06	2024-07	2024-08	2024-09	2024-10	2024-11	2024-12	합계
주식(CMA)	100	100	100	100	100	100	100	100	100	100	100	100	100
적금	100	100	100	100	100	100	100	100	100	100	100	100	100
추가적금 (펀드코인셀테브)	30	50	30	200	30	30	0	30	30	20	0		230
합계	230	250	230	400	230	230	230	200	230	230	220	200	2,880

표 2-7 | 자산 현황 예시

(단위: 만 원, 2024년 저축 계획, 매달 점검)

항목	2024-01	2024-02	2024-03	2024-04	2024-05	2024-06	2024-07	2024-08	2024-09	2024-10	2024-11	2024-12
예금	2,400	2,400	2,400	2,400	2,400	2,400	2,400	2,400	2,400	2,400	2,400	2,400
주식(CMA)	100	200	300	400	500	600	700	800	900	1,000	1,100	1,200
적금	130	280	410	710	840	970	1,100	1,200	1,330	1,460	1,580	1,680
전세보증금	10,000	10,000	10,000	10,000	10,000	10,000	10,000	10,000	10,000	10,000	10,000	10,000
자산 합계	12,630	12,880	13,110	13,510	13,740	13,970	14,200	14,400	14,630	14,860	15,080	15,280
대출1(전세담보)	8,000	8,000	8,000	8,000	8,000	8,000	8,000	8,000	8,000	8,000	8,000	8,000
대출2(마이너스)	200	190	180	170	160	150	140	130	120	110	100	90
대출 합계	8,200	8,190	8,180	8,170	8,160	8,150	8,140	8,130	8,120	8,110	8,100	8,090
순자산(자산-대출)	4,430	4,690	4,930	5,340	5,580	5,820	6,060	6,270	6,510	6,750	6,980	7,190

지금 그린 로드맵은 최소한 10년 이상으로 길게 그려보는 장기 로드맵이다(표 2-5). 기대수명만큼 길게 늘여보는 걸 추천한다. 장기 로드맵은 투자가 가능한 현재 자산을 기준으로 시작하기 때문에 자산 현황도 함께 정리하는 게 좋다(표 2-7).

부동산과 같이 매년 수익을 실현할 수 없는 자산은 로드맵 대신 자산 현황에 포함해서 관리하면 된다. 대출이 있는 경우는 자산 현황에서 대출만큼을 빼면 순자산을 알 수 있다.

장기 로드맵만 그리면 부자될 날이 너무 멀고 까마득하게 느껴질 수 있다. 그래서 단기 로드맵도 같이 작성한다(표 2-6). 단기 로드맵은 올 한 해 동안의 저축 목표다. 1년간 모을 수 있는 금액을 월별로 표시해두면서 월말에 목표대로 실행했는지 점검하는 용도다. 보다 쉬운 이해를 위해 예시를 추가했지만 로드맵에 정해진 답은 없다. 가장 좋은 로드맵은 내가 이해하기 쉽고, 계산하기 쉽고, 정리하기 편한 로드맵이다.

로드맵을 들이셔야 합니다

재테크 초보인 우리가 1억 원을 만들려면 짧게는 5년, 길면 10년이 넘게 걸린다. 하지만 1억 원 이후로는 돈이 빠른 속도로 불어난다.

앞서 소개한 재린 양의 로드맵을 봐도 1억 원까지는 7년 이상이 걸리지만 1억 원에서 2억 원까지는 2~3년밖에 안 걸린다. 이래서 재테크 전문가라는 분들이 종잣돈 1억 원을 그토록 강조한다.

1억 원을 언제 모으나 하고 한숨 쉬는 분들을 위해 다시 한 번 강조한다. 1,000만 원으로 시작한 재린 양도 60세에 60억 원 이상의 부자가 되는데 우리도 충분히 할 수 있다. 지금 이 순간에도 수명은 늘고 있고, 정년 연장에 대한 논의도 지속되고 있다.

앞으로 우리는 훨씬 더 오래 살고, 훨씬 더 오래 일해야 한다. 좋은 일인지 나쁜 일인지 단정 지을 수 없지만, 부자가 될 수 있는 시간을 벌었다고 생각하면 나쁘지만은 않다.

로드맵을 그리면 포기하지 않고 부자의 삶을 향해 나아갈 수 있다. 장기 목표를 세우고, 매달 성과를 점검하다 보면 약해지던 결심과 의지가 매달 새롭게 피어난다. 한 달에 한 번 로드맵 그리기가 일상이 되면 목표가 없어도, 갑작스레 '현타'가 와도 와르르 무너지지 않을 수 있다.

순식간에 흐려지는 핏빛 목표나 순간의 간절함이 아니라 로드맵을 점검하는 습관이, 의지박약한 나의 멱살을 잡고 끌고 가준다.

오늘 잠들기 전까지 로드맵을 꼭 그려보자. 사진을 찍어두고 10년 후 꼭 다시 한 번 펼쳐 보시기를!

핑크빛 의지를 핏빛으로 바꿔주는 로드맵 매직

나에게 로드맵 그리기는 취미이자 놀이였다. 회사에서 업무 스트레스가 몰려올 때면 홀로 조용히 다이어리를 들고 나갔다. 다이어리에 쭉쭉 선을 그어 로드맵을 그렸다. 저축을 못할 걱정, 수익률을 달성 못할 걱정은 하지 않았다. 곱하고 더하는 계산에 집중했다. 잘 못 계산하면 퇴사가 늦어지는데 안 될 일이었다.

로드맵을 그리는 시간은 내게 힐링의 시간이었다.

'5억 원만 되면 퇴사해야지'

'10년 뒤엔 주식 배당금 받아서 먹고살아야지.'

'20년 뒤엔 건물주 돼서 월세로 먹고살 거야.'

'겨울에는 따뜻한 나라에서 지내야지.'

친구의 위로나 남편의 다독임보다 로드맵 한 장이 더 강력하게 버틸 힘을 줬다. 딱히 핏빛 목표가 없던 나에게 퇴사와 경제적 자유를 꿈꾸게 해주었다. 무엇보다 꾸준함, 인내심 따위는 없던 내가 재테크를 포기하지 않고 10년이나 이어올 수 있게 해줬다.

로드맵은 자산의 증가를 정확히 수치화해서 볼 수 있다. '부자가 되겠지', '부자가 되고 싶어', '부자가 될 수 있을까?'라는 막연한 생각을 '부자가 되는구나!', '부자가 돼야겠어'로 바꿔준다. 핑크빛으로 연해진 목표를, 동기를 순식간에 핏빛으로 바꿔준다.

커피 한 잔만 참으면, 한 달에 10만 원만 더 모으면 10년 뒤 자산이 얼마나 달라지는지 눈으로 확인시켜 준다. 지치고 힘들 때, 의지가 약해질 때, 수시로 그려보자.

로드맵에 정답은 없다. 맞벌이, 퇴사, 경제위기를 예상해서 다양하게 그려보자. 수익률도 3~50%까지 바꿔가면서 그리다 보면 어느덧 로드맵의 재미에 빠져든다.

나의 첫 로드맵은 부자언니가 그려주었다. 50세 즈음에는 10억 원이 돼 있었는데, 솔직히 그때는 실감도 나지 않고, 믿지도 않았다. 열심히 살다 보면 10억 원 근처는 가겠지 하는 마음이었다.

5년쯤 지났을까, 우연히 첫 로드맵을 발견했는데, 자산이 로드맵대로 불어나고 있었다. 그리고 지금은, 훨씬 더 앞질러 가고 있다.

《종이 위의 기적, 쓰면 이루어진다》에서 헨리에트 앤 클라우저는 이렇게 말한다. 목표를 기록하고 나면, 두뇌는 우리가 목표를 달성하는 쪽으로 움직이게 한다고. 로드맵을 그리고 나면, 로드맵대로 가기 위해 온갖 방법을 찾아내게 된다. 더 아낄 방법도, 더 버는 방법도 찾아낸다. 그런 노력과 시간이 쌓여 결국 이루어진다.

10년 전 나는 자신이 없었다. 하지만 이제는 확신한다. 10년 후 당신의 자산은 반드시 로드맵대로 돼 있을 것이다.

○ 연 15% 수익률 완전 가능

외벌이로 저축할 수 있는 금액이 월 60만 원이었고 연간 15%의 수익률을 믿지 못해 4%로 로드맵을 그려봤더니, 8년 후인 2029년에 1억 원 달성 예정이었습니다. 그 이후 맞벌이도 시작하고 짠테크도 하니 월 저축금이 100만 원 플러스알파로 늘어났습니다.

자산이 1억 원 미만이라면 더 벌고 아끼는 것만으로도 15% 수익률이 가능하다는 것을 믿게 된 계기였어요. 다시 로드맵을 그려보니 2년 후인 2024년에 1억 원 달성이 가능하더군요. 무려 5년이나 앞당겨진 것입니다.

2021년 9월에 정리해본 현금 자산이 3,611만 원이었는데, 그간 짠테크와 일테크 열심히 하고 부수입을 창출하면서 현재 7,188만 3,001원을 모았습니다.

1년 6개월 동안 월 저축률을 55~72%로 유지하고 있는데, 올해 목표 금액이 9,800만 원이지만 어떻게든 200만 원을 더 모아서 올해 1억 원을 달성하려고 합니다.

만약 올해 1억 원을 달성한다면 처음 로드맵보다 6년이나 앞당겨지는 거라 너무 설렙니다. 아끼고 노력한 건 나 자신이지만 로드맵으로 숫자를 확인할 수 있어서 더 자극이 됐다고 생각합니다.

로드맵이 있었기에, 언젠가는 1억 원이 모이겠지 하고 막연히 생각할 때보다 더 적극적으로 재테크를 할 수 있었습니다.

—최유리(34세)

나는 내가
부자될 날을 알고 있다
2

투자할 줄 모르는데 수익을 어떻게 내지?

우리의 김재린 양을 다시 소환해보자. 재린 양은 현재 목돈이 1,000만 원 있고, 한 달에 100만 원씩 저축해서 2,200만 원을 만드는 단기 로드맵을 그렸다. 2,200만 원에서 15% 수익을 만들면 1년 후 2,530만 원이 된다.

그런데 재린 양은 아직 투자를 하지 않기 때문에 은행 예적금으로는 15% 수익률을 만들 방법이 없다. 1년에 330만 원이라는 수익을 어디서 만들면 좋을까? 방법은 무려 두 가지나 있다. 1억 원이라는 종잣돈을 모으는 데는 이 두 가지 방법이 가장 확실하다.

아끼고 덜 쓴다

330만 원을 12개월로 나누면 27만 5,000원이다. 재린 양은 지출 분석을 통해 한 달 동안 올리브영에서 쓰는 돈이 5만 원 이상, 점심 값과 커피 값으로 30만 원 이상, 친구와 영화 보고 밥 먹는 돈으로 10만 원 이상, 각종 생필품과 식료품 구입, 치맥 등에 들어가는 비용이 30만 원 이상인 걸 깨달았다. 그래서 다음과 같이 표를 만들었다.

한 달 동안 재린 양이 아낄 수 있는 비용은 총 23만 원이다. 1년이면 276만 원, 수익률로 계산하면 연 12%나 된다. 나머지 3%는 이자 많이 주는 예적금을 활용하면 된다.

소비 패턴만 약간 바꿔도 수익을 낼 수 있다. 그것도 원금 손실 없는 확정 수익이다. 쓸 돈도 없는데 어떻게 아끼라는 거냐고?

반드시 줄일 부분이 있다. 대출에 허덕여서 도저히 방법이 없다

| 표 2-8 | **재린 양의 짠테크 계획표**

항목	현재 지출	절약 목표	절약 계획
올리브영	5만 원	2만 원	마스크팩 사지 않기
점심 값	20만 원	6만 원	일주일에 2~3회는 도시락으로
커피 값	10만 원	5만 원	일주일에 2~3회는 인스턴트커피로
친구만남비	10만 원	5만 원	오프라인으로는 한 달에 한 번만. 그 외에는 카톡으로 만나자
장보기 & 치맥	30만 원	5만 원	혼술은 한 캔만 마시고, 한 번에 맥주 4캔 사지 않기
합계	75만 원	23만 원	

면서도 네일아트 받는 사람도 봤다. 피부만큼은 양보 못한다면서 화장품에 큰돈 쓰는 사람도 있고, 소소한 행복을 위해 매일 별다방을 가는 사람도 많다. 정말 생존 소비만 하는 사람은 지난 10년 동안 딱 한 명 봤다.

내일부터 아침에 눈을 뜨면 오늘의 생활비를 정해보자. 더도 말고 덜도 말고 일주일만 해보자. 일주일 뒤 지출 정산을 하고, 지난주 지출과 비교해보자.

병원비나 경조사비 등과 같은 갑작스러운 지출이나 이벤트성 지출은 제외하자. 일상적인 지출을 비교해야 의미가 있다. 분명 꽤 차이가 날 것이다.

비교는 이렇게 하는 거다. 남이 아니라 과거의 내 자신과 말이다. 종잣돈 1억 원을 만들어가는 과정에서는 짠테크가 필수다. 한 달 지출을 10%만 아껴보자. 어떤 은행도 주지 않는 이자를 직접 만들 수 있다.

더 번다

또 다른 방법은 수입을 늘리는 것이다. 본업에서 몸값을 올리자. 이직도 좋고 승진도 좋다, 가능하다면 업종을 바꿔도 된다. 알아보면 무료 취업 교육도 많다. 소득이 적다고 회사 탓만 하는 것보다는 뭐라도 시도하는 게 낫다.

요즘은 마음만 먹으면 N잡러도 가능하다. 직장을 다니면서 스마트 스토어나 인스타 마켓을 운영하기도 하고, 블로그 체험단이나 유튜버에 도전하는 사람들도 많다.

크몽, 숨고 같은 재능 마켓 플랫폼에서 본인의 전공이나 취미를 살려 전자책을 출판하거나, 클래스를 열어 부수입을 만들 수도 있다. 돈도 벌고, 커리어에도 도움이 되고, 세컨드 잡을 찾을 수도 있으니 일타 쌍피, 아니 삼피다.

찾아보면 정보가 많으니 틈틈이 서치해보고, 작게라도 시작하자. 그 외에 중고 거래도 할 수 있고, 선물 받은 기프티콘을 판매해서 부수입을 만들 수도 있다.

이렇게 해서 재린 양이 한 달에 23만 원의 부수입을 만든다면 이 역시 수익률 12%다. 지출을 줄여서 12%, 수입을 늘려서 또 12%, 도합 24%의 놀라운 수익률이다.

〈표 2-9〉는 재린 양이 한 달에 20만 원을 아껴서 추가 저축하고 8%의 수익률을 낸다는 가정으로 그려본 로드맵이다. 역시 저축은 마흔 살까지만 한다. 앞에서 본 〈표 2-3〉과 비교해보자. 처음 1~2년은 큰 차이 없겠지만 30년 뒤에는 1억 원 이상 차이가 난다.

이번에는 경제위기 시 수익률 50%를 적용해서 다시 그려보자. 2026년부터 2028년까지 3년간, 2036년부터 2038년까지 3년간의 수익률을 50%로 적용했다(표 2-10).

(단위: 만 원)

| 표 2-9 | 30세부터 40세까지 매년 1,440만 원 저축, 수익률 8%일 때의 로드맵

연도	2023	2024	2025	2026	2027	2028	2029	—	2051	2052	2053
나이	30	31	32	33	34	35	36	—	58	59	60
목돈	1,000	2,635	4,401	6,309	8,368	10,593	12,996	—	98,655	106,548	115,072
저축액	1,440	1,440	1,440	1,440	1,440	1,440	1,440	—	0	0	0
합계	2,440	4,075	5,831	7,749	9,808	12,033	14,436	—	98,655	106,548	115,072

(단위: 만 원)

| 표 2-10 | 30세부터 40세까지 매년 1,440만 원 저축, 2026~2028년, 2036~2038년 수익률 50% 적용, 그 외는 수익률 8%를 적용한 로드맵

연도	2023	2024	2025	2026	2027	2028	2029	——	2051	2052	2053
나이	30	31	32	33	34	35	36	——	58	59	60
목돈	1,000	2,635	4,401	8,762	15,303	25,114	28,678	——	508,159	548,812	592,717
저축액	1,440	1,440	1,440	1,440	1,440	1,440	1,440	——	0	0	0
합계	2,440	4,075	5,831	10,202	16,743	26,554	30,118	——	508,159	548,812	592,717

| 표 2-11 | 30세부터 40세까지 1,440만 원에서 100만 원씩 늘려가면서 저축, 41세부터는 저축 0원, 2026~2028년, 2036~2038년 수익률 50% 적용, 그 외는 수익률 8%를 적용한 로드맵

(단위: 만 원)

연도	2023	2024	2025	2026	2027	2028	2029	—	2051	2052	2053
나이	30	31	32	33	34	35	36	—	58	59	60
목돈	1,000	2,635	4,509	9,224	16,446	27,429	31,718	—	601,716	649,853	701,841
저축액	1,440	1,540	1,640	1,740	1,840	1,940	2,040	—	0	0	0
합계	2,440	4,175	6,149	10,964	18,286	29,369	33,758	—	601,716	649,853	701,841

단지 한 달에 20만 원을 더 저축했을 뿐인데 앞서 그린 경제위기 로드맵(표 2-4)과 비교하면 무려 9억 원이나 차이가 난다. 수익률이 15%가 된다면 그 차이는 훨씬 더 커진다. 커피 한 잔 아껴서 뭐 하나 싶었던 생각이 조금은 바뀌었기를 바란다.

이번에는 매년 같은 금액을 저축하지 않고, 이직이나 승진, 맞벌이 등으로 소득이 증가한다는 가정을 추가해서 그려보자. 저축액을 매년 100만 원씩 더 늘려서 그려본 로드맵이다(표 2-11).

70억 원이라는 놀라운 숫자가 나왔다. 이 정도 되면 재린 양은 40세까지만 일하고 조기 은퇴도 가능할 듯싶다. 단, 지금 당장은 한 달에 20만 원 아껴서 더 저축하고, 몸값을 올려서 1년에 100만 원씩 더 저축하고, 금융위기를 잘 잡아야 한다.

지금 해내면 30년 뒤에는 무려 60억 원 가까이 차이를 만들 수 있다. 오늘 하루 지갑을 열고 싶은 마음을 꾹 참고, 당장이라도 사표 쓰고 싶은 마음을 차분하게 정리해야 하는 이유를 로드맵이 알려줬다. 오늘 참는 자에게 내일은 복이 온다.

4

수익률 높이는 즐거운
짠테크 · 일테크 생활

세우기만 해도 효과 있는 오늘의 예산

랍비 셀소 쿠키어콘의 《유대인이 대물림하는 부자의 공리》에는 예산을 세우고 목숨처럼 지키라는 유대인들의 가르침이 나온다. 여태껏 예산을 세워본 적이 없다면 오늘 하루 예산부터 시도하는 걸 추천한다.

무지출이 중요한 게 아니라 소비를 계획하는 습관을 들이기 위함이니 무리하지 말고, 매일 아침 예산을 세우고 잠들기 전 정산을 해보자. 계획한 대로 썼는지, 차이가 났다면 어디서 났는지, 어떤 소비가 불필요했고, 어떤 소비가 기분 좋은 소비였는지 돌아보면서 점

돈은 모든 것을 바꾼다

110

점 나만의 소비 기준을 만들어나가자.

점차 적응이 되면 주간 예산과 정산으로, 월간 예산과 정산으로, 나아가 연간 예산과 정산도 해보자. 사실 예산은 연간으로 세우는 게 매우 중요한데, 이유는 특별 지출 때문이다. 집안 경조사나 어린이날, 어버이날, 여름휴가와 같은 이벤트가 있는 달은 다른 달에 비해 지출이 더 클 수밖에 없다.

헬스장은 보통 3개월이나 6개월에 한 번 등록하고, 반려동물 사료나 예방접종 등도 매달 일어나는 지출이 아니기 때문에 이를 고려한 지출 계획을 세워야 적금 깨서 소비를 메우는 일을 방지할 수 있다.

하지만 우리는 아직 예산 초보다. 처음부터 연간 예산과 지출을 세워봐야 맞지도 않고, 시간도 오래 걸리니 시작은 오늘 하루의 예산과 정산이면 충분하다.

예산을 세우라면 어김없이 무지출을 외치는 분들이 있다. 비록 지키지는 못해도 예산 없이 살았을 때보다 지출이 훨씬 줄어들기는 한다. 만약 가족이 있다면 함께 상의해서 예산을 세우는 게 좋다. 짠테크를 하는 이들이 예산을 지키기 힘든 첫 번째 이유로 꼽는 것이 '남편 리스크', '아이 리스크'다. 예산은 혼자 세우고 소비는 함께하니 의견이 안 맞는 게 당연하다.

가족이 원하는 소비를 잘 들어본 뒤 충분히 협의하고 설득하는 시간이 필요하다. 요즘 MBTI가 유행하던데 예산을 세울 때도 MBTI에 맞게 세워야 한다. 성공을 추구하는 성격이라면 안정적으로, 도전을 추구하는 성격이라면 타이트하게 예산을 짜는 게 좋다. 자신에게 맞는 예산을 적절히 세우고 꾸준히 관리하면 분명 가까운 시일 내에 통장 잔고가 변할 것이다.

줄이면 로드맵이 당겨지는 지출

짠테크를 시작하면 대부분 변동 지출을 줄이려고 한다. 하지만 고정 지출부터 줄여야 짠테크에 성공할 확률이 높아진다. 고정비를 훅 낮추면 생활비에 여유가 생겨 마음도 한결 여유로워진다. 살다 보면 어쩔 수 없이 계획에 없던 소비를 하게 된다. 고정비를 줄이고 예비비를 늘려놓으면 유연하게 대응할 수 있다.

고정비

줄이기 쉬운 고정비로는 통신비와 모임비가 있다. 알뜰폰을 사용하면 무제한요금제여도 기존 3개 통신사에 비해 절반 이상 저렴하다. 연간 줄일 수 있는 금액이 꽤 크다. 가족 수가 많은 경우 효과가 크기 때문에 통신비는 놓칠 수 없는 항목이다.

모임비도 줄일 수 있는 항목이다. 친구 또는 가족 모임을 위해 매달 적게는 1만 원부터 많게는 10만 원 이상이 지출된다. 조금씩 모아서 큰 행사를 대비하는 취지는 좋다. 하지만 막상 소비할 때는 모은 돈보다 더 쓰는 게 문제다. 조금만 보태서 더 비싼 호텔, 더 비싼 음식, 더 비싼 선택을 한다.

공동 경비라 나만 아끼기도 어렵다. 차라리 여행이나 모임 전에 예산을 정해서 모으는 게 더 합리적이다. 하지만 기존 패턴을 바꾸기도 어렵고, 아껴 쓰자고 제안하는 것도 불편하다.

그럴 때는 모임에서 리더나 총무를 맡자. 뒤에서 소극적으로 불만을 쌓지 말고, 앞에서 적극적으로 방안을 제시해서 짠테크도 하고 관계도 건강하게 유지할 수 있다.

변동비

변동비 중에서는 식비가 핵심이다. 몇 년 전 〈코스모폴리탄〉이라는 잡지의 설문조사 결과를 본 기억이 있는데 지출 내역 중 가장 아까운 것 1위가 식비고, 가장 즉흥적인 소비 1위는 커피 및 디저트였다. 커피와 디저트는 작은 지출이고 일상의 소소한 행복이라고 말하고 싶겠지만 정산을 해보면 안다. 이 작은 소비들이 예산을 갉아먹고 로드맵을 늦춘다는 걸 말이다.

출근길 당연하게 사 가는 커피 한 잔이 모여 한 달에 10만 원을 넘기고, 점심 먹고 우르르 몰려가서 마시는 식후 커피까지 포함하면 두 배의 지출이다. 커피만 줄여도 확정 수익이 엄청나게 올라간다. 끊을 수 없다면 줄이자. 소소한 행복을 줄이고 큰 행복을 누리는 게 더 좋지 않을까!

또 다른 변동비의 주범은 외식과 배달 음식이다. 바쁘고 피곤한 우리에게 외식과 배달 음식은 어쩌면 필수 소비일 수 있다. 하지만 건강을 생각해서라도 식단을 계획해서 장보기를 하고, 집밥을 해먹는 게 좋다.

냉장고를 정리하고 일주일 식단을 세워보자. 건강은 평생 관리해야 하지만, 짠테크 단계에서는 더 중요하다. 아프면 정산이고 로드맵이고 다 하기 싫어지니 말이다. 이 단계는 밥심이 체력이고, 체력이 곧 재력이다.

정 어쩔 수 없다면, 배달보다는 포장을 권한다. 포장의 귀찮음과 집밥의 귀찮음, 둘 중 하나를 선택하자. 그 정도의 귀찮음은 감수해야 지갑을 열 자격이 있다.

외식은 피곤한 날 하지 말고 가족과 함께 계획해서 하자. 언제 어떤 음식을 먹을지 미리 대화하는 것만으로도 여행만큼이나 설레는 기분이 든다. 이외에도 지출 포인트가 있다면 줄이거나 대체할 수 있는 방법들을 찾아보자.

한 달간 짠테크로 아낀 돈을 별도의 통장에 모아보자. 하루에

1,000원씩만 남겨도 한 달이면 3만 원이다. 월말에 치킨 한 마리는 짠테크 수익으로 충분히 가능하다. 짠테크로 힘든 것만 생각하지 말고, 통장에 늘어가는 잔고에 집중하면 어느새 부자들의 소비 습관이 몸에 배어간다.

이렇게까지 해야 하나 싶을 때는 한 번 더 떠올리자. 돈이 없을수록 돈을 쓰려고 안달이고, 돈이 많을수록 돈을 아끼려고 안달한다는 사실을.

짠테커라면 이 정도는 국룰이지

억지로 참기보다는 소비를 자극하는 환경에서 소비를 지연시키는 환경으로 바꾸는 게 좋다. 몇 가지 꿀팁을 제안해본다.

마트 가기 전에 밥 먹기

배고플 때 마트에 가면 혼란스럽다. 모든 게 맛있어 보이기 때문이다. 애초 계획보다 더 많은 물건을 담아올 가능성이 크다. 마트 가기 전에 꼭 식사를 하고 가자. 필요한 재료를 꼼꼼히 적고 온라인몰에서 가격을 미리 체크해서 예산도 정하고 가자.

카트에 하나씩 담을 때마다 휴대전화 계산기로 예산을 넘지 않는지 확인하자. 잊지 말자. 배가 불러야 냉정해질 수 있다.

사기 전에 정리하기

옷 사러 가기 전엔 옷장 정리가, 마트 가기 전엔 냉장고 정리가 필수다. 정리를 하다 보면 이미 많아서 살 필요가 없다는 생각이 들 수도 있고, 없는 물건을 파악하기도 용이하다.

일주일 식단 짜기

주말 오전엔 냉장고 정리를 하고 다음 주 식단을 짜자. 약속이 있는 날에는 '외식'이라고 적고, 구내식당을 이용하면 '회사 밥'이라고 적어도 된다. 엄마가 해주는 밥을 먹는다면 '집밥'이라고 적으면 된다(찐으로 부럽다).

　영양사처럼 짤 필요는 없지만 대략적인 식단을 짜면 장보기 예산을 효율적으로 쓸 수 있고, 뭘 해 먹을지 매일 고민하지 않아도 된다. 식단을 짜기 전에 가족들에게 먹고 싶은 음식을 신청 받아서 되도록 온 가족이 만족하면서도 식비를 줄일 수 있는 식단을 짜자.

지르기 전에 로드맵 그리기

명품 가방을 사는 게 잘못은 아니다. 열심히 고생한 나에게 하나쯤 사줄 수도 있다. 하지만 사기 전에 로드맵은 그려보자. 가격이 높은 물건을 사기 전에, 재정이 크게 바뀔 선택을 하기 전에, 로드맵 그리기는 필수다.

참지 못해 결국 지르더라도, 로드맵을 그리고 나서 사면 죄책감이 조금은 덜하다.

한 달에 한 번 기분 좋은 소비

돈을 잘 쓰는 것도 연습이 필요하다. 한 달에 한 번은 기분 좋은 소비를 할 수 있도록 꼭 미리 계획하자. 아이들과 아이스크림 데이를 가져도 좋고, 월말 정산 후 가족들과 치킨을 먹거나 외식을 하는 것도 좋다.

기분 좋게 돈을 쓰는 경험은 부자가 됐을 때, 스크루지 같은 인색함 대신 베풀 줄 아는 넉넉한 여유를 준다.

예산에 없으면 미루기

예산에 없었는데 커피 필터지가 다 떨어져 다이소에서 1,000원을 쓰는 사람이 있었다. 하루만 참으면 다음 날 예산에 넣어서 소비할 수 있는데 말이다. 습관이 안 돼 있으면, 예산에 없어도 필요한 소비라며 쉽게 지갑을 연다.

예산에 없다면 내일, 주말, 다음 달로 미뤄보자. 없어도 큰일 나지 않는다면 말이다. 그렇게 미루다 보면 잊어버리거나 애초에 필요가 없었다는 생각이 들기도 한다.

물론 중요한 일이 급작스레 생기면 예산을 변경하는 정도의 융통성은 필요하다.

1억 원이 없지만 1억 원이 있는 여자로 살자

카카오뱅크 세이프박스에 목돈을 묻어두는 일은 잘 없지만, 몇 달 뒤에 써야 하는 돈이라 1억 원을 잠시 보관해둔 적이 있었다. 세이프박스는 매일 이자를 주는데 1억 원에 연 2.2% 이자는 하루에 5,100원 정도였다.

아침에 눈을 떠서 이자 받기 버튼을 누르면 입금이 되는데 모닝커피 값을 받는 기분이 들었다. 그런데 거꾸로 생각해보니, 매일 커피 한 잔 값을 내 통장에 넣어주면 1억 원이 있는

| 그림 2-2 | **카카오뱅크 세이프박스**

것과 마찬가지 효과 아닌가?

이렇게 생각하니 커피, 참을 만해진다. 내가 나에게 주는 이자. 이게 바로 짠테크다.

매일 5,000원 남짓의 이자가 모여 석 달 만에 40만 원을 넘겼다. 짠테크로 한 달에 20만 원을 아낄 수 있다면 이 역시 은행에 1억 원 이상을 넣어둔 거나 매한가지다.

아직 통장에 1억 원은 없지만, 1억 원 있는 여자로 사는 건 오늘 당장부터 가능하다.

경력 관리도 로드맵처럼

현재 직장에 불만이 많으면서도 이직을 위한 준비를 전혀 하지 않는 사람들이 있다. 어정쩡한 마음가짐으로 하루하루를 살면서 늘 퇴사해요 마요, 이직해요 마요의 답 없는 고민만 품고 산다. 오로지 월급 때문에 마지못해 출근하고, 경제적 자유를 얻으면 당장 사표를 내겠다면서 실행 없는 다짐만 반복한다. 경제적 자유가 언제 올지 모르겠지만, 현 직장에서 의미 없는 출퇴근을 반복하느니, 하루라도 빨리 이직 준비를 시작하는 게 이득이다. 이직은 당연히 연봉을 높여가는 것을 전제로 한다.

성공적인 이직을 위해서는 로드맵처럼 주기적인 경력 관리가 필요하다. 연애를 오래 하지 않으면 연애 세포가 죽듯이 이력서나 면접도 오래 손 놓고 있으면 이직 세포가 죽는다. 그간 어떤 일을 해왔는지 기억이 가물가물하고, 면접을 보는 것도, 새로운 곳에서 시작하는 것도 두려워진다.

현 직장은 맘에 들지 않고 새 직장은 없으니 어정쩡한 마음가짐으로 하루하루를 산다. 이직할 직장도 없는 상태에서 늘 퇴사해요 마요, 이직해요 마요, 고민만 품고 산다.

연애는 양다리 걸치면 안 되겠지만, 이직만큼은 환승이 꼭 필요하다. 일테크 공백기가 길어지면 로드맵이 지연되는 건 둘째치고, 우울증과 무기력증까지 찾아올 수 있으니 말이다.

몸값을 높여 이직하고 싶다면 현 직장에서 최대한 몸값을 올리는 게 가장 효율적이다. 연봉 3,000만 원에서 20% 올려 이직하는 것보다, 연봉 5,000만 원에서 15% 올려 이직하는 게 훨씬 낫지 않은가. 그러므로 지금 직장이 아무리 마음에 안 들어도 승진을 비롯한 각종 프로젝트나 기회에 관심을 두자.

당장 이직하지 않더라도, 매달 이력서를 새로 쓰자. 채용 정보에 늘 관심을 두고 괜찮은 기업이라면 지원이라도 해보자. 이력서도 자주 써야 늘고, 면접도 자주 봐야 스킬이 올라간다.

간절히 이직해야 하는 것도 아니니, 연봉 협상에서 좀 더 도전적인 숫자를 제시해볼 수도 있다. 운 좋게 직급도 올리고 연봉도 올려서 이직할 기회가 올지 모른다. 단, 확정되기 전까지 현 직장에 소문내는 것은 금지다.

슬기로운 로드맵 생활

곧 결혼할 거라, 출산이라, 회사를 그만둘 것 같아서 장기 로드맵을 그리기 어렵다는 사람들이 있다. 수익률을 어떻게 만들지 막막하니 원금으로만 그리겠다는 분들도 있다. 은행에 예적금만 넣어도 3~4% 이자는 받는데 말이다.

어차피 미래는 계획대로 되지 않고 인생에는 변수가 많다. 그때마다 다시 계획하면 그만이다. 지금은 지금대로 로드맵을 그리고, 회사를 그만두면 그때 다시 그리면 된다. 결혼을 하고, 아이를 낳고, 집을 사고, 큰 변화가 생길 때마다 다시 그리면 그만이다.

수익률도 마찬가지다. 자신감을 갖고 10% 수익률에 도전해보고, 만만치 않다면 8%로 낮춰도 된다. 그것도 힘들다면 5%로 낮추고, 5%가 할 만했다면 8%로 높여보자. 좀 더 여력이 된다면 10%, 15%에 도전하자. 안 쓰는 물건은 중고 거래로 정리하고, 배달 음식을 끊고, 택시도 자제하는 거다.

택시 얘기가 나왔으니 말인데, 엄마는 절대 택시를 타지 않으셨다. 한 시간 거리는 당연히 걸었다. 짐이 많고, 애가 셋인데도 걷거나 버스를 탔다. 우리가 힘들다고 징징대도 소용없었다. 그까짓 택시비 얼마나 나온다고, 택시비 아낀다고 부자되는 것도 아닌데 너무한다고만 생각했다. 머리가 조금 크자 반항하는 마음이 슬슬 생겨났다. 늦잠을 자서 스쿨버스를 놓치면 엄마 몰래 택시를 타기 시작했다. 오랫동안 그 습관을 고치지 못했다. 약속에 늦거나, 짐이 많거나, 회식한 다음 날, 춥거나 비 오는 날, 피곤하거나 귀찮을 때면 택시를 탔다.

연간 수입·지출 정리를 하면서 번 돈보다 쓴 돈이 더 많다는 걸 알았다. 애초에 저축할 돈은 없었다. 그것도 모르고 적금에 열심히도 가입했다. 그제야 엄마가 왜 그토록 택시비를 아꼈는지 알게 됐다. 택시비도 아까웠지만, 그보다는 택시 타는 습관이 무서웠던 거다. 편함에 길들여지는 것, 필요보다 욕구에 길들여지는 걸 원치 않으셨던 거다.

내가 초등학교 6학년 즈음이었나. 엄마는 악착같이 일하고 아껴서 7,000만 원을 모으셨다. 그 당시 7,000만 원이 지금 가치로 얼마인지 계산은 잘 안 된다. 하지만 얼마나 어려운 일이었는지는 알겠다. 그나마 은행 금리가 15%, 20% 하던 1980년대부터 10년 이상을 각종 부업과 보험 영업까지 마다않고 벌어서, 모아서, 저축을 했으니 가능했던 일이다.

　남의 집 셋방살이가 지긋지긋했던, 그래서 내 집 마련이 꿈이었던 엄마는 동네 복덕방을 문턱이 닳도록 다니면서 살 집까지 찜해두셨다. 하지만 안타깝게도 7,000만 원은 건설 현장 일용직 노동자 탈출을 꿈꾸던 아빠의 사업자금이 됐다. 돈이 있다는 소문이 돌자 여기저기서 아빠에게 사업 제안을 해온 것이다.

　불행히도 아빠는 사업에 소질이 없었다. 7,000만 원은 손안의 모래가 빠져나가듯 순식간에 사라졌고, 도리어 갚아야 할 빚이 더 늘었다. 엄마의 기억으로는 은행 대출과 지인 빚까지 더해져 무려 1억 3,000만 원이 넘었다고 한다. 힘들게 모은 돈을 제대로 만져보지도 못한 엄마는 한동안 마음의 병을 앓기도 했다. 엄마의 고생은 계속됐고, 엄마의 짠테크도 끝이 없었다.

　어린 시절에는 엄마가 불쌍하면서도 궁상맞아 보였다. 그래서 엄마처럼 살지 않을 거라는 말로 엄마에게 상처를 줬다. 이제는 안다. 엄마가 대단한 사람이라는 걸. 부자가 되려면 나도 엄마처럼 살아야 한다는 걸.

　아끼고 더 벌라는 얘기가 시시할 수 있다. 누가 모르냐고 따지고 싶을 수 있다. 한 가지 확실한 건, 모두가 알아도 모두가 실천하지 않는다는 거다. 초보 운전자로 도로에 나서보니 제일 무서운 길은 8차선 대로가 아니라 모르는 길이었다. 제일 편안하고 빠른 길은 익숙하고 아는 길이었다.

재테크도 마찬가지다. 아는 길로 갈 때 제일 빨리 갈 수 있다. 새로운 비법, 남들은 모르는 투자법을 기웃거리면서 빨리 가고 싶은 욕심을 버려야 한다.

모두가 알고 있어서 식상한 그 방법이 가장 확실한 길이다. 아끼고 모으면서 천천히, 그리고 탄탄하게 습관을 잡는 게 그 무엇보다 중요하다.

이제 슬기로운 로드맵 생활을 시작하자. 적어도 한 달은 제대로 짠테크를 해보자. 어디까지 할 수 있는지 알게 되면, 그다음부터는 누가 시키지 않아도 해야겠다는 마음이 생긴다. 그러다 힘들면 조정하고, 다시 해보고, 또 조정하면서 로드맵을 현실로 만들어가자.

재린이유치원생의 예산 세우기 사례

○ '오늘의 예산' 지키기로 월 30만 원 절약

예산을 세우기 전 충동구매, 과소비를 일삼았던 과거가 있었는데 예산을 세우는 연습을 하다 보니 '이게 꼭 필요한가?', '지금 당장 필요한가?' 고민해보면서 지출 통제와 지출 이연을 할 수 있었습니다.

물티슈, 치약, 육아템 등 생활용품을 공구나 할인 행사 때 사재기로 쌓아놓았는데 이제는 필요할 때 필요한 만큼만 예산을 세워 지출하고 있습니다. 이렇게 하니 한 번에 큰 지출이 나가지 않아 오히려 지출이 많이 줄었습니다.

마트에서도 예전에는 먹고 싶은 것을 충동적으로 구매하거나, 아이들과 편의점을 들락거리며 과자 같은 간식을 많이 사곤 했습니다. 젤리 1,200원, 음료수 2,400원 등 작은 지출들이 모여 한 달에 60~70만 원의 식비가 나갔습니다.

그런데 매일 예산을 세워 예산 안에서만 지출하려 노력하다 보니 냉장고에 재료가 있는지 확인하게 됐고, 마트에서 불필요한 식재료 구매를 하지 않게 됐습니다. 오늘의 예산을 지키기 위해 아이들과 자주 들락거리던 편의점을 피해 하원을 했습니다.

주간 식단을 짜고 주간 식비 예산을 세우니 식비를 줄일 수 있었고 한 달에 30~40만 원대를 유지할 수 있었습니다. 식비를 줄여야 한다는 건 잘 알고 있었지만 실천하지 않으면 소용없으며 매일 예산을 잡고 지키는 노력이 얼마나 중요한지 다시 한 번 깨달았습니다.

—황유진(39세)

MONEY CHANGES EVERYTHING

5
—

부자는 노력이 아니라
습관으로
만들어지는 거야

부자 안 되기 더 힘든 하루 루틴 만들기

로드맵을 그려서 부자가 될 수 있다는 확신이 들었다면, 이제는 행동할 시간이다. 아무리 좋은 보약이 있어도 먹지 않으면 소용없고, 아무리 좋은 운동법이 있어도 움직이지 않으면 소용없다. 로드맵을 수백 장 그려도 내가 바뀌지 않으면 아무런 의미가 없다. 이제부터는 부자들의 삶을 살아야 한다.

어렵지 않다. 부자들의 습관을 나의 습관으로 만들면 된다. 미국의 재무설계사 토머스 콜리는 자수성가한 백만장자 200여 명을 분석해서 《인생을 바꾸는 부자습관》을 썼다. 부자들에게는 공통된 습

관이 있다면서 그는 다음과 같은 일곱 가지 습관을 들이라고 조언
한다.

1. 하루에 30분 이상 독서하라.
2. 잡념을 버리고 명상을 즐겨라.
3. 아침형 인간이 돼라.
4. 하루 7~8시간은 자라.
5. 하루 30분 이상 꾸준히 운동하라.
6. 소통 기술을 연마하라.
7. 상황을 객관화하고 자신과 대화하라.

우리는 어떨까? 아마 독서 시간이 하루 30분은커녕 한 달에 30분
도 넘기 힘들 것 같다. 매일 운동하는 사람보다 매일 야식 먹는 사
람 찾기가 더 쉽다. 명상보다 늦잠을 즐기는 사람이, 운동하기보다
소파에서 뒹구는 사람이, 타인과의 소통은커녕 자기 자신에 대해서
도 잘 모르는 사람이 많다.

부자들의 습관을 지금이라도 따라 해야 할까? 아니, 무작정 따라
하면 필패다. 부자들이 왜 이런 습관들을 가졌는지 이해하고 자신
에게 맞게 적용해야 한다.

핵심은 자기 관리다. 게으르고 나태한 생활, 불규칙한 패턴 대신

꾸준히 일상과 건강을 관리하고, 남이 아닌 자신에게 집중하는 시간을 갖는 것이다.

처음부터 크고 많은 계획을 세우지 말고 매일 꾸준히 할 수 있는 작은 습관으로 시작하자. 오늘 지키지 못해도 괜찮다. 내일부터 다시 하면 된다.

습관 만들기도 돈 모으기와 같다. 1억 원이 처음부터 1억 원은 아닌 것처럼, 습관도 처음부터 모두 갖출 수는 없다.

나와 함께 부자 연습 중인 친구들도 자신에게 맞는 루틴을 만들어나가고 있다. 우리가 연습하는 루틴은 이렇다.

1. 매일 같은 시간에 일어난다(주말은 달라도 된다).
2. 눈을 뜨면 가장 먼저 이불을 갠다(이불을 갤 수 없다면 다른 간단한 루틴을 만든다).
3. 오늘의 할 일(투두리스트)을 적는다. 반드시 중요한 것부터, 다섯 가지 이하로 적는다.
4. 오늘의 목표 생활비를 정한다. 반드시 하루 1,000원 이상은 남겨야 한다.
5. 출근길 또는 퇴근길에 독서를 한다. 반드시 두 페이지 이상 읽어야 한다.
6. 하루 한 개의 경제 기사를 읽는다.

7. 잠들기 전 지출 내역을 점검하고 돌아본다.

8. 감사 일기를 적는다. 첫 번째 감사는 나 자신에게 해야 한다.

성장에 도움이 될 만한 습관을 작게라도 반복하는 데 의미를 두고 있다. 평범해 보이지만, 막상 해보면 쉬운 것도 없다. 늦게 잠든 다음 날은 늦게 일어나기 쉽다. 예산에서 1,000원 이상 남기려면 충동구매는 절대 불가하다. 간절히 사고 싶어도 내일로 소비를 미뤄야 한다.

이 모든 행동들이 자기와의 약속이다. 자기 자신을 사랑한다면 약속을 지켜야 한다고 말했다. 약속을 하기 전에 지킬 수 있는지 자신에게 묻고, 약속을 했다면 반드시 지켜야 한다. 이렇게 한 달을 반복하면서 기록을 남기자. 기록은 습관을 유지하는 데 도움을 준다.

이렇게 성장을 위한 행동들이 습관이 되면, 할지 말지 고민하는 시간이 줄어든다. 습관적으로 책을 읽고, 경제 기사를 읽고, 예산을 세우고, 할 일을 점검하고, 감사 일기를 썼을 뿐인데 시간이 지나면 자존감이 복리로 쌓이고 자산은 불어나 있다.

문제는 오래 지속하지 못한다는 거다. 보통 3개월 차에 고비가 온다. 아침에 이불 갠다고, 한두 달 독서하고 경제 기사 읽는다고 인생이 달라질 리 없다. 별로 달라지는 게 없으니 왜 하나 싶은 생각이 든다. 재미도 없고, 통장 잔고도 그대로고, 이런다고 부자가 될 것 같지 않은 마음도 스물스물 올라온다.

하지만 부자들은 오랜 기간 습관처럼 자신을 관리하고 자산을 관리해온 사람이다. 그들이 부럽다면, 그들처럼 사는 게 먼저다. 내 주변도 꾸준히 자산을 늘려나간 사람들은 통장 잔고보다 라이프스타일이 먼저 바뀌었다. 한 명의 예외도 없다.

그녀들의 바뀐 삶의 방식이 부를 가져오는 것이다. 달라지는 스스로를 발견했을 때, 한 단계 올라가는 자존감을 느낄 수 있고, 자존감이 올라갈 때 삶에 대한 만족감도 높아진다. 자존감이 올라가고 나서야 비로소 통장 잔고도 레벨업될 수 있다.

루틴을 만들고 난 후 생활비를 40% 넘게 줄인 친구가 있었는데, 스스로도 놀랐다고 한다. 더 대단한 건 절반 가까이 지출을 줄였는데도 먹을 것 다 먹고, 하고 싶은 것도 다 했다는 사실이다. 행복은 소비의 빈도나 크기에 있지 않다는 걸 또 한 번 깨닫게 해준다.

쉬운 거 말고 중요한 걸 먼저 해야지

투두리스트는 반드시 다섯 개 이하로 적어야 한다. 해야 할 일을 다섯 가지 넘게 주르륵 적으면 보통은 쉬운 것, 금방 끝낼 수 있는 것, 재미있는 것부터 하기 때문이다.

그렇게 하루를 보내고 저녁 즈음 돌아보면 어려운 것, 시간이 오래 걸리는 것, 재미없는 것들이 남아 있다. 그렇게 남겨진 일들이 우리 인생에서 더 중요한 일일 가능성이 크다.

이제부터는 우리의 시간과 에너지를 중요한 일을 하는 데 집중해야 한다. 그래야 삶이 바뀔 수 있다. 투두리스트에는 집안일처럼 당연히 해야 할 일들은 적지 말고, 부자가 되기 위해 해야 하는 일들, 오늘 반드시 끝내야 하는 일들을 곰곰이 생각해서 적어주자. 우선 순위에 맞게 제일 중요한 일부터 차례대로 적자.

돈도 중요한 곳에 쓰고, 시간도 중요한 곳에 쓰는 것. 그것이 우리가 제일 먼저 갖춰야 할 부자들의 습관이다.

머니 루틴으로 쉽게 가기

이제 돈의 흐름에도 루틴을 만들어보자. 제대로 한 번 만들어두면 돈 관리는 거의 자동으로 이루어진다. 나는 몇 년 전부터 가계부를 쓰지 않는다. 돈이 루틴대로 흘러가기 때문이다. 돈을 타이트하게 관리하지도 않는다.

짠테크로 1억 원을 모아가야 하는 경우라면 반드시 가계부를 적고 월말 정산을 하면서 돈이 새지 않게 관리해야 하지만, 자산도 어느 정도 불어났고 경제적으로 여유가 있다면 머니 루틴만 제대로 만들어둬도 돈 관리는 충분하다.

다시 재린 양을 만나보자. 재린 양은 월급을 200만 원 받고 저축을 100만 원씩 한다. 지출은 고정비 60만 원, 생활비 40만 원이다. 재린 양의 머니 루틴은 다음과 같다.

1. 월급날에 A통장으로 200만 원이 들어온다.
2. 저축액 100만 원은 D통장(CMA)으로 보낸다.
3. 고정비 60만 원은 A통장에 두고 생활비 40만 원을 B통장으로 보낸다.
4. B통장에서 일주일 생활비 10만 원을 C통장으로 보낸다.
5. C통장에 연결된 체크카드로 일주일을 즐겁게 산다.
6. 일주일 뒤 C통장에 2만 원이 남았다면 D통장으로 보낸다.
7. 다시 B통장에서 C통장으로 10만 원을 보낸다(5번, 6번 반복).

생활비를 주 단위로 관리하면 토요일쯤 잔고가 바닥나도 괜찮다. 월요일에 다시 채워지기 때문이다. 고정비와 생활비를 분리했기 때문에 공과금이 연체되는 일도 없다.

적금이나 투자를 할 때는 D통장에서 적금 계좌나 E통장(주식 계좌)으로 보낸다. 자본소득이 발생하면, 일부는 C통장으로 보내서 가

| 그림 2-3 | **돈 관리가 저절로 되는 머니 루틴**

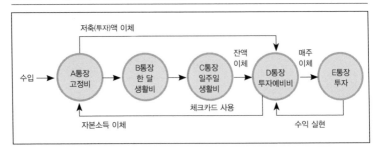

족과 함께 여행을 가거나 필요한 물건을 살 수도 있다.

A통장 수입이 들어오는 통장이자 고정비가 지출되는 통장. 저축은
곧장 D통장으로 보낸다.

B통장 한 달치 생활비를 넣어두고 일주일마다 C통장으로 보낸다.

C통장 일주일치 생활비를 넣어두는 통장. 체크카드를 연결해서 쓰면
입출금 내역 자체가 가계부가 된다(나의 경우 B통장과 C통장은 카
카오뱅크의 세이프박스 기능을 활용하고 있다).

D통장 저축 통장이자 투자자금이 대기하는 통장이면서 비상금 통장.
자투리 생활비도 넣어둔다.

E통장 투자가 일어나는 통장이다. 주식 계좌라고 보면 된다. E통장에
서 수익이 나면 D통장으로 보낸다. 그중 일부는 A통장이나 C
통장으로 보내 수입으로 기록하고 필요한 지출을 할 수 있다.

CMA(Cash Management Account, 종합자산관리계정)

단기 금융 시장에 직접 참여하기 어려운 고객을 위해 증권회사가 불특정 다수 고객의 예탁금을 받아 기업어음(CP)이나 양도성 예금증서(CD), 국공채 등에 투자해 수익을 고객에게 돌려주는 실적 배당 금융 상품.
CMA는 급여 이체, 자금 결제, 공과금 납부, 수시 입출금이 가능하며 금리가 높다는 장점이 있다.

이렇게 만들어두면 월말에 다음 달 고정비와 일주일 생활비만 책정하면 된다. 고정비는 큰 변동은 없지만 영업일에 따라 통신비나 대출이자, 보험료 등이 달라질 수 있기 때문에 조금 넉넉하게 계산해서 넣어둔다. 생활비는 한 달이 4주인지 5주인지 확인해서 계산한다. 예산을 짤 때는 수입은 약간 적게, 지출은 조금 많게 잡는 것이 마음에 여유를 준다.

비상금, 얼마가 적당할까

석 달치 급여 정도를 비상금으로 관리하라는 암묵적인 룰 같은 게 있던데 나는 반대다. 소비가 컨트롤되지 않는 사람은 비상금도 결국 꺼내 쓰게 돼 있다. 체크카드에 잔액이 없어 사고 싶은 물건을 못 사게 되는 순간 머릿속에 비상금이 떠오른다. 재빠르게 계좌 이체를 한다.

신용카드만 쓰지 않았을 뿐, 여러 방법으로 결국 사고 싶은 건 사고야 마는 프로 소비리에게 비상금 통장은 또 다른 지출 통장일 뿐이다.

비상금을 정말 비상시에 쓰지도 않는다. 결국 돌발 지출에 대비하는 게 비상금의 역할이다. 그렇다면 석 달치 급여를 넣어두기보다 20~30만 원 정도만 넣어두는 게 더 바람직하다고 생각한다.

나머지 자금은 종잣돈으로 쓸 수 있게 CMA와 같은 투자 대기 통장에 넣어두자. 거기 두어도 어차피 꺼내 쓸 사람은 다 쓰겠지만 그래도 한 번쯤은 더 생각하게 되니 그나마 낫다.

비상금을 초과할 만한 비상 상황이 생기면, 이를테면 갑자기 응급실을 간다든가, 갑자기 소득이 중단되는 등의 상황에는 투자 대기 통장에 넣어둔 현금으로 대응하거나 자산을 처분하면 된다.

그건 그때 가서 고민할 일이다. 일어날지 안 일어날지 모르는 비상 상황을 대비한다는 이유로 목돈을 가지고 있다가 슬금슬금 꺼내 쓰고 다시 채우는 일을 반복하지 말자.

이벤트를 계획해야 루틴이 바로 선다

매달 버는 돈은 일정한데 나가는 돈은 일정치가 않다는 게 돈 관리를 가장 힘들게 하는 요인이다. 아무리 예산을 정하고 계획을 해도 틀어지는 일들이 생기기 마련인데 가장 큰 원인은 바로 각종 이벤트들이다.

부모님 생신, 결혼기념일, 아이들 생일, 누군가를 축하해주고 누군가를 위로해줘야 하는 경조사들과 여름휴가나 크리스마스까지, 크고 작은 이벤트들이 1년 내내 있다. 특히 한 달에 여러 개가 몰리기라도 하면 그야말로 등골이 휜다. 거기에 1년에 한 번 찾아오는 자동차세, 자동차보험료 같은 것들도 챙겨야 한다.

이런 연중행사들을 1월부터 12개월까지 쭉 정리하고 예산을 정해서 넣어보자. 이 비용들은 그달 월급에서 예산을 마련하는 게 아니라 미리 준비된 특별비에서 꺼내 써야 한다. 그러자면 지금부터 이벤트를 잘 확인하고, 정확한 예산을 세워 매달 조금씩이라도 적립을 시작해야 한다.

올해 당장 실천하기는 어렵겠지만 내년부터라도 가능할 수 있게 계획을 세워보자. 특별 이벤트에 필요한 자금을 잘 준비하고 실천하면 머니 루틴이 한결 쉬워진다.

짠테크는 양치처럼

예전에는 가계부를 쓸 때마다 적잖은 스트레스를 받았다. 카드가 많다 보니 결제일도 다르고, 다음 달에 청구될 줄 알았는데 이번 달에 청구돼서 당황하는 일이 다반사였다. 월급에서 카드 값을 뺀 돈으로 고정비를 지출하고 나면 쥐꼬리만큼 돈이 남았다.

그 돈으로 매일 가계부를 쓰면서 지출을 컨트롤하려고 애썼다. 하지만 지출은 전혀 줄지 않았다. 그럼에도 주말이면 가계부를 붙잡고 있었다. 그래야 마음이라도 덜 불편했다.

지금은 체크카드를 쓰기 때문에 통장 거래 내역만 살펴보면 끝이다. 미리 정해둔 주간 생활비대로 살면 그만이다. 만약 이번 주에 더 썼다면 다음 주에 덜 쓰면 된다. 다음 주에 더 써야 한다면 이번 주에 덜 쓰면 된다. 스스로 조절한다는 느낌이 주는 쾌감은 덤이다.

머니 루틴의 또 다른 장점은 더 이상 돈 때문에 불안하지 않다는 거다. 코로나19가 한창이던 때, 주간 생활비 통장에 1만 원만 넣어놓고 5일을 지낸 적이 있다. 도시락을 싸서 다녔고, 사람들을 만나지 않으니 돈 쓸 일이 없었다.

전에는 카드 대금이 잘 결제됐는지, 잔액 부족은 아니었는지 자주 확인했지만, 이제는 용도별로 통장이 나뉘어 있고, 용도에 맞게 잔고가 채워져 있으니 불안하지 않다.

우리는 매일 양치를 하고 세수를 한다. 아무리 바빠도 하고, 여행을 가서도 한다. 당연히 해야 할 일이기 때문이다. 그래서 양치하고 세수하는 게 살짝 귀찮기는 해도, 어렵지는 않다. 솔직히 주말 아침

한 번 정도는 양치 안 할 수도 있다. 밖에서 점심 먹고 나면 안 할 수도 있다. 가끔 거를 수 있고, 하루 정도 안 할 수도 있지만, 이틀을 넘기긴 어렵다. 출근도 해야 하고, 외출도 해야 하고, 무엇보다 나 자신이 찜찜한 기분이 들기 때문이다.

예산을 세우고, 소비를 점검하는 일련의 행동들이 루틴이 되면 귀찮을 순 있지만 어렵진 않다. 예산 밖에서 물건을 사면 불편한 마음이 든다. 조금 해이해지고 풀어져도 찜찜한 마음에 다시 제자리로 돌아오게 된다. 돈 관리도, 짠테크도 양치하듯이 하자.

○ 신용카드 대신 지역화폐로

예전에는 생활비 지출을 신용카드로 하여 월평균 160만 원 정도를 쓰고 있었습니다. 매달 월급이 들어오면 바로 카드 값으로 나가니 현금이 없었어요. 그래서 또 신용카드로 생활비를 쓰게 되는 패턴으로 살았습니다.

의식의 흐름대로 결제를 해서 내가 어디에 돈을 썼는지 제대로 파악이 안 되는 항목들도 많았습니다. 처음으로 지출 정리를 하면서 신용카드로 충동구매와 과소비를 하고 있다는 사실을 알게 됐습니다.

망설이기는 했지만 결국 신용카드를 해지했습니다. 지금은 지역화폐로 생활비를 사용하고 있어요. 덕분에 4인 가족 생활비로 평균 80~100만 원대를 유지하고 있습니다.

―유한솔(40세)

○ 예비 카드 하나만 남기고 다 해지

과거에 저는 전형적인 카드사 마케팅의 노예였답니다. 포인트, 마일리지 등을 쌓기 위해 더 많은 소비를 하면서 살았거든요. 어떤 때는 한 달 동안 1,200만 원 지출을 달성해서 쌓은 포인트를 보며 흐뭇해하기도 했습니다. 소비가 소비를 부르는 악순환의 루틴으로 살고 있었습니다.

지금은 예비용 신용카드 하나만 남겨두고 모든 신용카드를 정리했습니다. 예비용도 가지고 다니지 않고 화장대 서랍에 넣어두고 있어요. 생활비 지출은 지역화폐와 체크카드로만 하고 있습니다.

한 달 변동비는 적게 쓸 때는 50만 원, 아무리 많이 쓰더라도 100만 원 이하를 꾸준히 유지하고 있습니다. 신용카드를 없앤 것만으로도 규칙적인 한 달 살림이 가능해졌습니다.

－은희영(29세)

○ **신용카드는 불행, 체크카드는 행복**

재린이유치원을 다니면서 가장 좋았던 부분은 카드 할부금을 청산하고 신용카드를 없앤 것입니다. 저 돈을 어떻게 갚아야 할지 미래에 대해 고민할 필요 없이, 현재에만 집중할 수 있어서 좋았어요.

신용카드를 없애고 진정한 자유를 맛보니 너무 행복했습니다! 어차피 카드 할인 잘 챙기지도 못하고 한 달 한도 채우기 위해 돈을 쓰는 게 더 스트레스죠! 체크카드가 짱입니다!

지금은 한 달 식비가 50만 원대에서 20만 원(약속 포함) 이하로 40%나 감소했습니다.

－박혜인(25세)

부자의 길,
외롭기만 한 건
아니야

재밍아웃으로 부자 메이트 찾기

"돈을 아끼려고 하니 친구한테 오는 연락이 부담스러워요."

"무지출을 하느라고 모임에 몇 번 빠졌더니, 이제 저한테 연락도 안 해요."

짠테크를 하다 보면 친구 만나 밥 먹고 차 마시는 돈도 아깝게 느껴지기 시작한다. 관심사가 다르니 대화에도 살짝 흥미가 떨어진다. 친구들은 여전히 맛집을 탐방하면서 SNS에 올릴 사진을 찍느라 바쁘고, 빚을 내서라도 해외여행을 다녀온다. 불과 얼마 전 내 모습인데 소외감이 들고 스스로가 초라하게 느껴지기도 한다.

그렇게 친구들을 피하기 시작하자 점차 연락이 뜸해진다. 문득 친구와의 수다가 그리운 날조차 먼저 연락하기 민망해진다. 만나자니 부담스럽고, 안 만나자니 외롭다. 남들과 다르게 살면서도, 외롭지 않고 싶다.

친구들도 다 같이 부자의 길을 가면 얼마나 좋을까. 하지만 여태 프로 소비러로 함께한 친구가 갑자기 프로 재테커가 되기는 어렵다. 그래도 일단 시도해본다. 부자 메이트를 만들기 위한 첫 번째 방법은 바로 재밍아웃, 재테크 선언이다.

"나, 부자 될 거야."

"10년 안에 건물 사려고요."

"10년 안에 10억 원 만들 거예요."

내가 처음 이렇게 말했을 때 주변 사람들은 부정적인 반응을 보였다.

"아껴봐야 푼돈 아니야? 뭘 그리 힘들게 살아."

"돈은 자꾸 써야 자꾸 들어오는 거야."

"인생 생각보다 짧아. 악착같이 살다가 한 방에 갈지도 모르는데, 그러면 억울하지 않겠어?"

언제나 내 편인 줄 알았던 남편마저 반응이 신통치 않았다.

"여보가 하고 싶은 대로 해. 근데 우리 망하는 거 아니지?"

내가 재테크에 눈을 떴다고 해서 남편이, 가족이, 친구들이 나를 지지해줘야 하는 건 아니다. 그런 기대는 욕심이다.

가족들은 서서히 적응하지만, 친구나 주변 사람들은 다르다. 갑자기 변했다고, 그런다고 부자 안 된다며 불편해했다. 즐기면서 살라는 사람들과는 결국 자연스레 멀어졌다. 서로 생각이 다르고 관심사가 다르다 보니 만남 자체가 점점 소모적이라는 생각이 들었다. 상대방도 마찬가지였을 것이다.

부정적인 친구들을 일일이 신경 쓰고 설득할 필요 없다. 부정적인 친구와는 언제 헤어져도 헤어진다. 지금이 그때라고 생각하면 마음 편하다.

오래된 절친이나 가족이 나만큼 재테크에 관심이 없다고 실망하지 말자. 재테크 적령기는 모두에게 다르게 온다. 남들에게 휘둘리지 않고 나의 길을 걸어가다 보면 어느 순간 자연스럽게 관심을 갖는 친구들도 생긴다.

무엇보다, 변화하고 성장하고 싶다면 주변을 좋은 에너지로 채우는 게 중요하다. 나와 비슷비슷한 사람들과 함께한다면 마음은 편하지만, 삶이 성장하기는 어렵다. 인생의 조력자가 돼줄 수 있는 사람들로, 멘토가 돼줄 수 있는 사람으로, 함께 걸어줄 수 있는 사람으로 주변을 채우자.

내가 원하는 삶을 나보다 한 발자국 앞서 나간 사람은 나를 달리게 하고, 나도 할 수 있다는 자신감을 느끼게 해준다.

재밍아웃을 했을 때 관심을 보이는 친구가 있다면 서로에게 부자 메이트가 되어주자. 함께 책도 읽고 경제 기사도 읽으면서 서로 의견을 교환하는 건 좋은 공부다. 서로의 로드맵과 핏빛 목표를 응원해줄 수도 있다. 1억 원 모았다고 자랑도 실컷 할 수 있다.

서로 지출을 공유하는 것도 재미있다. 나는 합리적인 소비라고 생각하는데 상대는 불필요한 지출이라고 생각할 수 있으니 말이다. 단, 서로의 지적에 마음 상하지 않을 관계여야 한다. 재테크하려다 마음 다치고 우정까지 망칠 필요는 없다.

새 메이트 찾기

두 번째 방법은 새 메이트를 찾는 거다. 2019년, 부자언니는 황금 열쇠를 내걸고(진짜 금을 선물로 주었다) 서바이벌 게임 '키 오브 리치'를 진행했다. 삼삼오오 그룹을 만들어 부자언니의 미션을 함께 수행하고, 투자 연습을 하고, 자산을 불려가는 게임이었다. 한동안 부자언니의 네이버 카페는 그룹을 만들기 위한 친구 찾기로 난리통이었다.

덕분에 수많은 사람들이 부자 메이트를 만들었다. 갈등이나 불미스러운 일이 생길까 봐 걱정도 됐지만, 대부분 첫 번째 만남에서 순식간에 친해졌다고 했다. 공통의 관심사 덕분인 듯하다. 그 모임을 지금까지 이어오는 사람들도 있다.

지금은 재린이유치원이라는 재테크 기초 과정을 운영하고 있다. 혼자 재테크를 하기 힘든 사람들, 시작이 막막한 사람들에게 로드맵을 포함해 재테크의 기본을 알려준다. 한 달간 재린이유치원 과정을 마치고 나면 함께 수강했던 사람들과 그룹을 만들어준다.

만약 부자 메이트를 만들지 못했다면, 혼자 하는 것이 두렵고 의지가 약하다면 재린이유치원에 입학하는 것도 좋다. 비슷한 관심사를 가진 사람들의 커뮤니티에 들어가는 것도 좋은 방법이다. 재린이유치원은 부자언니 카페에서 운영되었지만, 현재 카페가 비공개라 신규 가입이 불가하다. 이 책을 읽은 독자들을 위해 네이버 카페 '재린스라이프'를 개설했다. 재린스라이프는 재린이유치원을 시작으로 부자가 되기 위해 갖춰야 할 라이프스타일 전반을 함께 배우고 실천해나가는 커뮤니티로 운영할 계획이다. 우리가 정말 알아야 할 것들은 유치원에서 다 배웠듯이, 부자가 되기 위해 정말 알아야 할 기초들을 배울 수 있는 공간으로 만들고자 한다. 무엇보다 같은 유치원생 친구들, 즉 재테크 메이트를 만날 수 있다.

부자 메이트는 재테크라는 마라톤에서 지치지 않게 같이 달려주는 페이스메이커다. 함께 뛰면, 조금 천천히 뛰더라도 오래 달릴 수 있다.

어서 와, 재린스라이프는 처음이지?

재린스라이프에서는 재린이유치원을 포함하여 '부자'라는 같은 목표를 가진 사람들끼리 모여 경제에 대해 공부하고 라이프스타일을 성장시켜 나갑니다. 재린스라이프는 종잣돈 만들기부터 시작해서 부자가 될 때까지 포기하지 않고 함께 나아가고자 하는 20대부터 50대까지의 여성들을 위한 열정 넘치는 아름다운 공간입니다.

[재린스라이프] 네이버 카페로 초대합니다
https://naver.me/5rZEUF2L
From 김운아

재린이유치원에서 만난 부자 메이트들

○ **서로의 멘토가 되어 함께 가는 길**

우리 일곱 명은 재린이유치원에서 만나 2021년 9월에 부자 메이트로 인연을 맺었습니다. 팀 이름은 '머니 트리'로 지었는데요. 뿌리를 견고히 내리고, 함께 공부하고 성장하면서 차근차근 나이테를 만들고, 열매를 맺어보자는 의미입니다.

우리의 자본인 나무에서 자본소득의 열매를 맺기 위해 열심히 팀 활동을 하고 있습니다.

재린이유치원에서 배운 데일리 미션, 주간·월말 정산을 꾸준히 유지하며 머니 루틴을 만들어 생활하고 있는데요. 매월 말에는 줌에서 모여 지난 한 달간의 소비에 대해 이야기합니다. 어느 부분을 더 아끼고 어느 부분은 써야 하는지 의견을 나눕니다.

짠테크를 잘하는 팀원은 각 팀원의 과소비, 감정소비에 대해 채찍질을 하며 코치의 역할을 해주기도 하고, 운동을 좋아하는 팀원은 건강을 위한 조언을 해주기도 합니다.

유머러스한 팀원은 팀원들이 힘들어 할 때 재치 있는 유머와 칭찬으로 팀 분위기를 밝게 전환시키기도 합니다.

짠테크, 재테크 등 각자가 잘하는 분야가 있는데 서로가 서로에게 배우며 가까운 곳에서 자극을 받습니다. 시간을 허비하며 놀았던 과거, 감정소비·과소비를 하며 계획적인 소비를 하지 않던 지난날로 언제든 돌아갈 수 있다는 마음으로 긴장을 늦추지 않고 서로 의지합니다.

온라인 모임 이외에 오프라인 모임도 가져 서로를 더 알아가고 친밀함을 쌓기도 합니다. 앞으로는 부동산 임장도 함께 다녀보려는 계획도 하고 있습니다.

주간 뉴스와 시황에 대해 토의하고, 모의투자에 대해 의견을 나누고, 재유 레터와 재유 블로그를 함께 보며 공부하고, '재테크 강의 내 것으로 만들기' 등 다양한 활동도 할 예정입니다. 이 과정에서 서로가 서로의 선생님과 코치가 돼보고자 합니다. 앞으로도 머니 트리는 부자되는 길을 쭉 함께할 생각입니다.

-7인의 머니 트리

나의 첫 로드맵은 부자언니가 그려주었다.
50세 즈음에는 10억 원이 돼 있었는데,
솔직히 그때는 실감도 나지 않고, 믿지도 않았다.
열심히 살다 보면 10억 원 근처는 가겠지 하는 마음이었다.
5년쯤 지났을까, 우연히 첫 로드맵을 발견했는데,
자산이 로드맵대로 불어나고 있었다.
그리고 지금은, 훨씬 더 앞질러 가고 있다.

○ 3장 ○

MONEY CHANGES EVERYTHING

과정

부자가 된다는 것은 한 사람이
다시 태어나는 과정이다

MONEY CHANGES EVERYTHING

1
—

1억 원 모았는데
뭐부터 하면 돼요?

이제 뭐 하면 되나요?

1억 원을 모으고 나면 가장 많이 던지는 질문이다. 당장이라도 투자를 시작해서 매년 15%씩 수익을 올리면 얼마나 좋을까? 어쩌다 운이 좋으면 수백 %의 수익률을 낼지도 모른다. 생각만 해도 손가락이 근질근질하고 몸이 달아올라서 가만히 있을 수가 없다.

10년 전 종잣돈 1억 2,000만 원으로 투자를 시작한 뒤, 매일 주식 계좌를 들여다보며 수익을 확인했다. 그런데 수익을 내기가 만만치 않았다. 아침마다 부자를 꿈꾸며 잠에서 깨고, 밤이면 내일은 다르길 기대하면서 잠이 들었다. 하지만 다음 날도 다르지 않았다.

신기하게도 내가 사면 떨어지고, 내가 팔면 올랐다. 누가 지켜보기라도 하는 걸까? 그렇다면 이거야말로 미스터리 스릴러임이 틀림없는데.

월급을 받으면 생활비만 제외하고 모두 주식을 샀고, 여유자금이 생기는 족족 투자를 했다. 매달 돌아오는 월급날은 주식 통장에 밥 주는 날이었고, 시퍼렇게 멍든 계좌에 물 부어주는 날이었다.

그렇게나 열심히 투자했건만 수익률은 신통치 않았다. 수익 실현과 손절을 반복하면서 7년 정도의 시간을 보내고 나니 자산이 5억 원이 돼 있었다. 쓰라린 손절과 뼈아픈 후퇴가 있었음에도, 포기하지 않으니 자산이 늘긴 했다.

〈표 3-1〉과 〈표 3-2〉는 2013년도에 그렸던 로드맵이다. 당시 한 달에 저축할 수 있었던 여유자금은 적게는 월 100만 원, 쥐어짜면 월 200만 원이었다. 각각의 경우에 수익률 네 가지를 적용해서 계산한 표다.

2019년에 자산이 5억 원이면 월 100만 원씩 투자해서 수익률 20%를 달성했거나, 월 200만 원씩 투자해서 수익률 15%를 달성한 것으로 볼 수 있다. 매년 15~20%의 수익을 낸 셈이니 꽤 잘한 걸까?

아니다. 실제로는 그렇지 않다. 2013년에서 2019년 사이 연봉도 올랐고, 인센티브나 기타 수입도 과거처럼 마구 쓰지 않고 몽땅 저

| 표 3-1 | 35세부터 44세까지 월 100만 원을 저축했을 때

(단위 : 만 원)

투자금 월 100	2014	2015	2016	2017	2018	2019	2020	2021	2022	2023
	35세	36세	37세	38세	39세	40세	41세	42세	43세	44세
수익률 10%	14,190	16,929	19,942	23,256	26,902	30,912	35,323	40,175	45,513	51,384
수익률 15%	14,835	18,440	22,586	27,354	32,837	39,143	46,394	54,734	64,324	75,352
수익률 20%	15,480	20,076	25,591	32,209	40,151	49,682	61,118	74,841	91,310	111,072
수익률 25%	16,125	21,656	28,570	37,213	48,016	61,520	78,400	99,500	125,875	158,844

| 표 3-2 | 35세부터 44세까지 월 200만 원을 저축했을 때

(단위 : 만 원)

투자금 월 200	2014	2015	2016	2017	2018	2019	2020	2021	2022	2023
	35세	36세	37세	38세	39세	40세	41세	42세	43세	44세
수익률 10%	14,190	18,249	22,714	27,625	33,028	38,971	45,580	52,698	60,608	69,309
수익률 15%	14,835	19,820	25,553	32,146	39,728	48,447	58,475	70,006	83,267	98,517
수익률 20%	15,480	21,456	28,627	37,233	47,559	59,951	74,821	92,665	114,079	139,774
수익률 25%	16,125	23,156	31,945	42,932	56,665	73,831	95,288	122,110	155,638	197,548

| 표 3-3 | 35세부터 44세까지 수익률 5%를 적용했을 때의 로드맵

(단위 : 만 원)

연도	2014	2015	2016	2017	2018	2019	2020	2021	2022	2023
나이	35세	36세	37세	38세	39세	40세	41세	42세	43세	45세
연 저축액	3,600	3,600	4,800	4,800	6,000	6,000	6,000	6,000	6,000	6,000
수익률 5%	16,380	20,979	27,068	33,461	41,434	49,809	58,596	67,826	77,518	87,693

축했다. 당연히 월 저축금액이 2013년도 예상치보다 훨씬 컸다.

그래서 저축액을 수정하고 로드맵을 다시 그려보았다(표 3-3). 그랬더니 수익률을 5%만 적용해도 2019년에 자산이 5억 원 가까이 나왔다.

결론은 이렇다. 2013년부터 2019년까지는 사실상 열심히 일해서 번 돈과 아껴서 모은 돈이 대부분이고, 투자 수익은 연 5~7% 남짓이다. 그렇다면 투자는 의미가 없었던 걸까? 연봉 많이 주는 회사로 옮겨 다니면서 일테크하는 게 정답일까? 그렇지 않다.

2019년 5억 원에서 2020년 10억 원으로 자산이 1년 만에 무려 2배로 늘었다. 〈표 3-3〉을 보면 자산 10억 원은 45세에도 불가능했다. 하지만 실제로는 41세에 10억 원을 달성했다.

2013년부터 7년 동안의 투자 경험이 없었다면, 시장에 뛰어들 용기가 없었다면 10억 원 만들기는 여전히 현재진행형일 것이다. 수익률이 고작 연 5~7% 남짓한 기간이 있었기에 연 100% 수익률의 기회를 잡을 수 있었다.

여기서 깨달았다. 평범한 우리가 할 수 있는 가장 효율적인 재테크 방법을 말이다. 기회가 오기 전까지는 일테크로 열심히 몸값 올리고, 짠테크로 소비 줄여서 종잣돈을 모으고, 경제 공부와 투자 연습을 하다가 코로나19와 같은 기회가 왔을 때 과감하게 투자하는 거다.

하지만 경제를 전혀 모르고서는, 투자에 대한 경험이 없어서는 기회가 백 번이 온다 해도 무서워서 투자하지 못할 것이다. 그래서 종잣돈을 모으는 한편, 경제를 공부하고 투자를 경험해야 한다.

그렇다고 나처럼 비싼 수업료를 낼 필요는 없다. 남들 다 가진 에 코프로 주식, 나만 없다고 울 필요도 없다. 남들 다 가진 집 한 채, 나만 없다고 서러워할 필요도 없다. 벼락 거지니 뭐니 하는 뉴스에 흔들릴 필요도 없다.

코로나19와 같이 누가 봐도 돈을 벌 수 있는 기회가 왔을 때, 충분한 종잣돈으로 투자하면 된다. 그때가 자산을 두 배, 세 배로 늘릴 수 있는 찬스다. 증거를 충분히 보여줬으니 의심하지 않으리라고 믿는다.

아, 그런데…… 기회가 또 오긴 하냐고? 당연히 온다. 생각보다 자주 온다. 기회가 올지 안 올지 걱정 말고 종잣돈을 늘리는 데 집중하자. 투자할 돈이 없으면 아무리 좋은 기회가 와도 그림의 떡일 뿐이니까. 지금 우리가 해야 하는 재테크는 기회가 오기를 목 빠지게 기다리는 게 아니라, 종잣돈을 늘리기 위한 일테크와 짠테크, 그리고 경제 공부와 투자 경험 쌓기다.

얼마나 있어야 부자인가요?

하나금융경영연구소에서는 매년 〈한국 부자 보고서〉를 발간한다. 하나은행 PB와 손님들을 대상으로 인터뷰를 하고 온라인으로 설문 조사를 시행해서 만들어지는 보고서다. 2022년에 발간된 보고서에서 하나은행은 부자를 이렇게 정의했다.

"금융회사와 거래하고 있는 금융 자산 10억 원 이상(가구 기준) 보유자."

그리고 대중 부유층은 이렇게 정의했다.

"금융회사와 거래하고 있는 금융 자산 1억 원 이상~10억 원 미만(가구 기준) 보유자."

그 이하는 일반 대중이다.

우리가 어디 속하는지 알아보려고 이 보고서 얘기를 꺼낸 게 아니라, 재미있는 사실을 발견해서 소개해본다.

> 일반 대중은 전체 자산(부동산 포함) 기준으로 217억 원을 보유해야 부자라고 할 수 있다는 의견을 보였고, 실제 부자도 최소 187억 원을 보유해야 부자라고 생각한다고 응답했다.

부자에 대한 기준이, 실제 부자보다 일반 대중이 훨씬 높다. 무려 30억 원이나 높은 기준이다. 부와 멀리 떨어져 있을수록 부에 대해서 막연하기 때문이 아닐까 생각해본다.

> 설문조사 결과 부자가 실제 보유하고 있는 총자산 규모의 평균은 77억 8,000만 원이었다. 이는 국내 가구당 평균 자산인 5억 2,500만 원의 약 15배에 해당하는 금액이고, 대중 부유층의 총자산 평균(14억 8,000만 원)의 약 5배가 넘는 수준이다.

부자들도 자신이 부자라고 생각하지 않는다는 얘기다. 무려 100억 원가량 더 있어야 부자라고 생각한다니 흥미롭다. 1억 원을 모으고 있는 우리도 목표는 100억 원이고, 이미 80억 원 가까이 가진 부자들도 앞으로 100억 원은 더 있어야 부자라고 생각한다니 말이다.

여러분은 어떤가? 얼마나 있어야 부자라고 생각하는가?

앞에서 우리는 로드맵을 그렸다. 그 로드맵을 다시 펼쳐보자. 자산이 얼마가 됐을 때 부자일지 지금 정해두자. 그러지 않으면 아마 평생을 스스로 부자라고 인정하기 어려울 것이다.

부자가 되고 나서 하고 싶은 일들도 로드맵에 같이 적어두자. 그러지 않으면 잊어버리고, 그래서 자산이 늘어도 계속 부족하다고 느낀다. 여전히 원하는 걸 할 수 없어 불행하다고 느낀다.

돈에 끌려다니는 삶이 아니라 돈의 주인으로 살고자 한다면 반드시 만족과 감사가 필요한 이유다.

돈은 모든 것을 바꾼다

2
–

연습도 안 하고
실전에 나선다고?

수익률이 아니라 수익금이 중요해

주식시장에서 하루에 얻을 수 있는 최대 수익은 얼마일까? 하한가
가 −30%이고 상한가가 30%니까 하한가에 사서 상한가에 판다
면 무려 60%의 수익이다. 꿈같은 얘기다. 하지만 운이 좋으면 하루
10% 수익률은 충분히 가능하다(매일 10%를 얘기하는 건 아니다).

1억 원을 투자했다면 수익률 10%는 무려 1,000만 원이다. 즉
1,000만 원을 투자해 100%라는 어마어마한 수익을 달성한 것과
같다.

100% 수익을 낼 확률보다 10% 수익이 날 확률이 당연히 훨씬

높다. '욜로'가 대세일 때 "푼돈 모아 푼돈"이라는 말이 유행했었다. 투자의 세계도 마찬가지다. 푼돈 투자해서 수익 나봐야 푼돈이다.

그러니 종잣돈 키우기에 집중하고, 수익률이 아니라 수익금에 신경 써야 한다.

그래서 푼돈이 아니라 큰돈을 투자했는데, 수익은커녕 손실을 보면 어떻게 될까? 대출까지 끌어다 주식에 '몰빵'을 했다면?

생각보다 그런 사람들이 많다. 오를 대로 오른 주식일수록 더 불나방처럼 뛰어든다. 왜 이런 선택을 하는 걸까?

마음이 급하기 때문이다. 혼자만 뒤처질까 봐 불안하기도 하다. 투자를 말리는 주위의 만류도 들리지 않는다. 물론 운이라는 게 있으니 모두가 망하는 건 아니지만, 운은 절대 지속되지 않는다.

만약 누군가에게 평생 운이 따라줬다면, 그건 운이 아니다. 실력이거나 노력이다.

1억 원까지는 조금 더디더라도 일테크, 짠테크로 종잣돈을 모으자고 했다. 하지만 그것만 하는 건 안 된다. 투자 준비를 병행해야 한다. 짠테크만 죽어라 해서 1억 원을 모았다고 갑자기 투자를 잘하게 되지는 않는다.

1억 원을 모으는 동안 투자 공부와 연습을 해두지 않으면, 방향을 찾지 못하고 방황하게 된다. 재테크 사춘기라고 할까.

어떤 투자도 공부 없이 시작해선 안 되고, 어떤 투자도 공부만으로 시작할 수 없다. 반드시 공부와 연습이 함께 필요하다. 주식투자를 하고 싶다면 기업과 경제를 이해할 수 있는 공부가 필요하다. 이와 함께 사고파는 연습, 견디는 훈련이 필요하다.

실제로 투자하기 전에 충분한 모의투자를 해봐야 한다. 증권사마다 홈페이지를 통해 모의투자를 안내하고 있으니 꼭 찾아서 해보길 권한다.

부자언니 카페에서 2023년에만 네 번의 모의투자 대회를 진행했다. 참가자는 대략 1,000명, 자본금은 1억 원이다. 물론 가상 머니지만 실제 돈처럼 느껴진다.

"내 돈이 아닌데도 1,000만 원씩 사는 게 덜컥 겁이 났어요."

"주가가 하락하니까 진짜 손실이라도 본 것처럼 속이 쓰리더라고요."

"주식으로 수익 내는 게 이렇게 어려운 줄 몰랐어요."

"왜 목돈으로 투자해야 하는지 이제야 알겠어요."

모의투자 참여자들의 소감이다. 내 돈을 넣지 않아도 내 그릇의 크기를 가늠할 수 있다.

"경제 기사를 매일 읽고 시황도 보는데, 사야 할지 말아야 할지 감이 안 오더라고요."

모의투자를 통해 자신의 투자 레벨도 확인할 수 있다. 주문할 때 자칫 실수하면 증권사에 빚을 내서 투자하는 신용 거래가 되기도 한다. 물론 빚도 가상이지만 현실에서 이런 실수를 한다면 정말이지 아찔하다. 모의투자로도 이런 다양한 상황들을 경험할 수 있다. 꼭 대규모 인원이 아니더라도 그룹으로 참여할 수 있으니 친구들과 함께 해봐도 좋겠다.

모의투자로 경험을 쌓았다면 실제로 소액투자를 해본다. 짠테크로 남긴 생활비나 이자 등의 금융소득이 있다면 일부를 CMA 계좌에 모아두자. 취미생활비로 생각하고 한 달에 10~20만 원 정도면 충분하다. 시작은 개별 종목보다는 ETF를 추천한다.

투자해보면 알게 되겠지만 경제가 좋지 않아도 오르는 종목이 있고, 경제가 좋아도 떨어지는 종목이 있다. 초보자가 오르는 종목만 쏙쏙 골라 살 수 있을까?

초보들은 인덱스펀드로 투자를 경험하면서 경제의 흐름을 따라가는 게 훨씬 편안하고 안정적이다. 경제 공부도 실전 투자도 차근차근 해나가는 것이 가장 빠른 길로 가는 방법이다.

경제를 알아야 투자가 쉽다

영어 공부에 돈을 많이 들인 친구가 있는데, 조카들이 외국으로 이사를 간 지 몇 달 만에 영어를 술술 하는 걸 보고 새삼 깨달았다고 한다. 언어는 공부가 아니라 사용을 하면서 는다는 사실을 말이다.

경제와 투자도 마찬가지다. 그쪽 세계에서 네이티브가 되고 싶다면 입시 공부하듯 밑줄 긋고 외울 게 아니라 계속 접하면서 익혀야 한다.

경제와 투자의 세계에서 사용하는 용어에 익숙하지 않으니 경제 신문을 봐도 어렵기만 하고, 투자 서적을 봐도 무엇을 해야 할지 여전히 감이 오지 않는다. 그 세계의 언어를 모르니 소통이 안 되기 때문이다. 부자가 되고 싶다면 부자들의 언어, 경제 용어들을 매일 접하면서 익숙해져야 한다.

그렇다고 당장 경제 신문을 구독하지는 말자. 읽지는 않고 결국 양파 까고 나물 다듬을 때 꺼내 쓰는 신세로 전락하는 경우가 허다하니 말이다. 인터넷 기사의 헤드라인으로 시작해서 점차 본문을 읽어나가도 충분하다. 차차 적응되면 기사의 의미가 무엇일지 생각해보고 한 줄로 정리를 해보자. 기사를 요약하고 다듬는 과정에서 더 많은 공부가 된다.

나에게도 경제 공부는 여전히 어렵다. 요즘처럼 엄청난 변화와 기술 혁신이 이뤄지는 세상에서 제대로 알고 투자하는 게 과연 가능할까? 어디서부터 어디까지 알아야 할지부터가 난제다. 이런 고민을 하는 분들께 말해주고 싶다.

산업이나 기술, 특정 기업을 이해하기 위해 지나치게 파고들지 않아도 된다. 신문을 읽는 것만으로도 지금 세상에서 어떤 것들이 화두인지 알 수 있다.

이를테면 챗GPT 같은 인공지능 기술은 신문을 읽는 것만으로 자연스레 알게 된다. 도서관에서 책을 읽거나 유튜브에서 관련 영상도 보는 것만으로도 초보자에게는 충분하다.

투자할 만한 분야라고 생각되면 특정 기업보다는 ETF에 투자하자. 워런 버핏이 극찬했다는 ETF에 투자하면 종목을 찍어주는 강의를 듣거나, 산업이나 기술을 파고드는 공부는 하지 않아도 된다.

그 대신 경제 흐름을 짚어주는 칼럼이나 영상, 보고서는 꾸준히 보자.

'미국이 금리를 올리는 게 지금 나랑 무슨 상관인데?'

'우리나라 수출이 적자인 게 나랑 무슨 관련이 있어?'

'미국 은행 부도가 내 인생에 무슨 영향을 주겠어.'

이렇게 생각하면서 살아왔을지도 모르겠다. 나도 2008년의 글로벌 금융위기 전까지는 그랬다. 힘들게 영어 면접을 통과해 입사한 외국계 회사가 글로벌 금융위기의 영향을 직격으로 받기 전까지는 말이다.

금융위기 당시 회사는 정부의 구제금융을 받았고, 빌린 돈을 갚기 위해 한국 회사를 매각했다. 어렵게 들어간 회사인데 고용 안정

등의 문제로 몇 년이나 뒤숭숭했고, 결국 사모펀드에 1차 매각, 국내 기업에 2차로 매각됐다. 입사할 때 장점이라 생각했던 조직문화와 복지제도들이 점차 사라졌고, 희망퇴직 등으로 많은 직원이 회사를 떠났다.

경제는, 우리 생활과 아주 밀접한 관련이 있다. 먹고사는 모든 활동이 곧 경제이기 때문이다. 아침에 일어나면 미지근한 물 한 잔을 마시면서 경제 기사를 읽는 걸로 하루를 시작하자. 재테크 공부의 첫 출발이다.

ETF(Exchange–traded Fund, 상장지수펀드)

코스피200이나 특정 자산을 추종하도록 설계된 펀드. 해당 주가지수에 편입된 주식의 바스켓(10개 이상의 주식 조합)과 동일하게 펀드를 구성하고, 이에 따라 발행된 주식을 한국거래소에 상장해 일반 개인들도 거래할 수 있도록 한 것이다.

개별 주식처럼 매매가 편리하고, 인덱스펀드처럼 거래비용이 낮다. 또한 펀드에 비해 투자 정보를 파악하기 쉽다.

일반 펀드의 경우 가입이나 환매(펀드자금 인출) 때 다음 날 기준가로 가격이 결정되는데 반해 ETF는 실시간 가격으로 매매 가격이 결정되며, 수익률이 특정 지수에 연동된다는 점이 특징이다.

ETF는 자산운용사에서 브랜드를 만든다. 삼성자산운용의 ETF 브랜드인 'KODEX', 미래에셋자산운용의 'TIGER' 등이 그 대표적인 예다.

ETF는 그 자체로 포트폴리오 투자 효과가 있다. 수십 개에 달하는 종목을 편입하고 있어서다. 표준화된 상품이기 때문에 개별적으로 주식을 거래할 때보다 거래비용이 훨씬 적게 든다. 상품 구성이 다양해 투자자들의 선택 범위가 넓다는 것도 ETF의 장점으로 꼽힌다.

인덱스펀드(Index Fund)

목표지수(인덱스)를 KRX100, 코스피200 같은 특정 주가지수에 속해 있는 주식들을 골고루 편입해 이들 지수와 같은 수익률을 올릴 수 있도록 운용하는 펀드.
대세 상승기에는 개인 투자자나 주식형 펀드들이 주가지수 상승률만큼의 수익을 내지 못하는 것이 보통이기 때문에 종합주가지수의 흐름에 가까운 대표적 종목들을 편입해 운용한다.
적극적인 투자 수단인 액티브펀드(active fund)가 아니라 위험 회피를 중시하는 보수적인 투자이며, 시장이나 종목을 분석하는 데 필요한 비용이 절감되므로 액티브펀드에 비해 보수가 저렴하고 펀드 매니저의 개별 판단이 배제되므로 투명한 운용이 가능하다.

일주일에 한 번 재유 레터 읽기

재유 레터는 재테크 새싹들을 위한 무료 구독형 뉴스레터로, 경제 뉴스와 경제 용어를 재린이의 눈높이에 맞춰 풀어서 설명해준다. 또한 모의투자 일지, 부동산 임장 일지, 소비에 대한 고민, 인터뷰 등을 통해 재린이가 부자로 성장해 나가는 이야기를 쉽고 재미있게 알려준다. 매주 무료로 받아볼 수 있다. 유료 신문이나 유료 강의를 구독하기 전에 재유 레터를 통해 기초를 다져보길 바란다.

재유 레터 구독하기
http://page.stibee.com/subscriptions/181719

재린이유치원 블로그와 함께 ETF 공부하기

재린이유치원 블로그에서는 ETF의 개념과 용어, 세금과 수수료 등에 관한 내용들을 포스팅해주고 있다. 그뿐만 아니라 모의투자 일지에서도 ETF를 소개하고 있다. 공부에 그치지 않고 실전 연습을 통해 감을 키워가는 재린이들의 활동이 담겨 있는 공간이다.

재린이유치원 블로그
http://blog.naver.com/jaerin_school

좋아하는 기업의 주주 되기

투자에 살짝 익숙해지기 시작하면 슬슬 남들이 돈 좀 벌었다는 종
목에 귀가 솔깃해진다. 수시로 차트를 들여다보면서 지금이라도 사
야 하나 고민에 빠진다.

그런데 남들이 돈 벌었다는 그 종목, 지금 사면 안 된다. 그들이
팔고 나온 비싼 가격에 물릴 가능성이 99%다. 원래 사고는 초보일
때 나지 않는다. 안다고 생각할 때, 익숙해졌다고 생각할 때 나는
법이다.

ETF 말고 개별 종목에 투자하고 싶다면, 잘 알지도 못하는 종목
이 아니라 가까이에서 찾자. 평소 자주 가는 카페, 마트, 백화점, 좋
아하는 전자제품, 자동차, 의류 브랜드 등 우리가 잘 아는 회사들은
대부분 상장기업이다. 해외에도 스타벅스, 나이키, 디즈니, 넷플릭
스처럼 친숙한 기업들이 많다.

초보일수록 이런 기업의 주식을 사는 게 좋다. 정보를 구하기도
쉽고 스스로 판단도 가능하기 때문이다. 스타벅스의 커피 맛이 변
했는지, 이마트에 손님이 줄었는지, 나이키 신제품 반응이 어떤지
쉽게 파악할 수 있다. 넷플릭스에 볼 만한 영화들이 업데이트되는
지 아닌지 누가 말해주지 않아도 안다.

잘 알고, 좋아하는 기업의 주식을 사야 재미도 있다. 취미는 재미

가 있어야 꾸준히 지속하게 된다. 잘 모르는 기업, 특히 듣도 보도 못한 종목은 가격이 오를 때야 재미있겠지만 하락하기 시작하면 답이 없다. 왜 하락했는지, 일시적인 현상인지 계속 하락할지 도무지 알 수가 없다. 포털에 검색해봐도 기사 한 줄 나오지 않는다.

예를 들어 필라테스 강사라면 룰루레몬, 헤어숍 실장님이라면 로레알, 운동을 즐겨 한다면 나이키, 커피를 좋아한다면 스타벅스가 있다. 이 종목을 사라는 말이 아니다. 투자할 기업은 가까이에서도 얼마든지 찾을 수 있다는 의미다.

주주가 되어 투자를 해본 사람과 책으로 공부만 한 사람의 수준이 같을 수 없다. 피아노를 배우면서 악보만 보는 사람과 건반을 두드리는 사람 간의 차이라고나 할까. 하지만 아직은 한 손으로만 건반을 치는 수준이므로 짠테크 수익만큼만, 취미 정도로만 투자해야 한다. 배우는 단계에서 욕심은 금물이다.

재린이유치원생의 모의투자 경험담

○ **ETF 최종 수익률 5.6%**

저는 한 달 동안 모의투자를 해봤는데요. 이를 통해 처음으로 투자의 기준에 대해 생각해보게 됐어요. 언제 사고 언제 팔아야 하는지는, 주가가 오르느냐 내리느냐가 아니라 내가 세워놓은 원칙에 따라야 한다는 사실을 깨달았답니다.

하지만 원칙을 정한 뒤에도 주가의 향방에 따라 이랬다저랬다 하는 마음을 다잡기가 무척 힘들었어요. 또 나의 투자를 복기하기 위해 매매 일지를 써야 할 필요성을 느끼면서도 매번 작성하기가 어려웠습니다.

1억 원이라는 가상 머니를 굴려보면서 내가 감당할 수 있는 돈의 크기에 대해서도 생각하게 됐고, 수익금이 달라지는 것을 보면서 왜 종잣돈을 모으는 것이 그토록 중요한지 깨달은 시간이었습니다.

사실 모의투자 전에 실제로 투자를 했었는데요. 그때의 제 모습도 돌아보게 됐습니다. 다른 사람들이 추천한 종목 혹은 유명한 종목을 그저 모으기만 했던 잘못된 투자 방식을 반성하면서, 시장에 대해 꾸준히 공부하며 나에게 맞는 투자 방법을 찾아야겠다고 생각했습니다.

운전면허를 따기 전에 실제로 길에서 도로주행 연습을 하는 것처럼, 주식투자를 하기 전에 모의투자를 하는 것은 꼭 필요한 과정이라고 생각합니다. 투자로 돈을 버는 것도 중요하지만 힘들게 벌고 모은 돈을 잃지 않는 것이 더 중요하니까요.

—김민(24세)

실수,
신입일 때 해야지
언제 해

실패는 작게 경험하자

2015년쯤 카카오를 12만 원에 매수했다. 사자마자 하락해서 8만 원까지 내려가더니 1년 뒤에는 6만 원대까지 떨어졌다. 좋은 기업이라고 생각했고 장기간 보유할 마음으로 산 만큼 애써 마음을 다잡았다.

'어차피 당장 팔 것도 아닌데 오히려 잘됐어. 쌀 때 더 사놓으면 되지.'

그렇게 물타기를 했다. 떨어질 때마다 추가 매수를 하니 어느새 큰돈이 투자돼 있었다. 덩어리가 커지고 나니 월급날마다 몇 주씩

사들여도 단가는 낮춰지지 않았다. 하락에 하락을 거듭하면서 오히려 손실액이 신입사원 연봉 수준으로 커졌다.

결국 새로운 투자를 앞두고 카카오를 정리했다. 1,000만 원 넘게 손실을 봤다. 쿨한 척, 괜찮은 척했지만 진짜로 괜찮지는 않았다.

6년 후인 2021년, 카카오는 1주에 50만 원을 넘겼다(이후 액면분할로 10만 원대가 됐다가, 2023년 12월 현재는 5만 원대다). 2021년까지 보유했더라면 몇 %의 수익률일까. 물론 계산해보지는 않았다. 카카오 손절 이후로는 주가가 떨어져도 절대 물타기를 하지 않는다.

모의투자, 또는 소액으로 연습하라고 이야기하고 있지만, 솔직히 나는 연습 기간이 없었다. 전문가의 리딩을 받으면서 투자했는데도 어려웠다. 매수 가격과 매도 가격, 비중까지 다 알려줬음에도 따라 하는 게 만만치 않았다.

게다가 자꾸 욕심이 생겨서 조금이라도 싸게 사서 비싸게 팔고 싶었다. 주가가 떨어지면 물타기를 하면서, 오를 때까지 버티면 수익이 더 커질 거라고 머릿속의 계산기를 두드렸다. 당연히 마음처럼 되지 않았다.

사라고 할 때 돈이 없어서 못 사거나, 팔라고 할 때 아까워서 못 팔았다. 모든 게 서툴렀다. 벌 때는 적게 벌고, 잃을 때는 크게 잃었다. 3~4년 정도는 수익과 손실의 반복이었다. 보통 입사 4년 차에 대리로 승진하니까 그 기간이 나에게는 투자 신입이었지 싶다.

신입이면서, 재테크 초짜면서 거의 전 재산을 투자에 털어 넣었고, 온갖 실패를 온몸으로 경험했다. 여러 번 수익을 내다가도 한 번 크게 손절하면 그간 불려온 자산이 제자리로 돌아갔다. 돌이켜보면 지나치게 용감했었다.

재테크 신입들에게 알려주고 싶다. 작게 시작해도 충분한 경험을 쌓을 수 있고, 작은 실수의 경험들이 큰 성공을 위한 빅 데이터가 된다는 걸 말이다. 실수를 할 수밖에 없는 게 신입이다. 3년 안에 임원이 될 수도, 5년 안에 CEO가 될 수도 없다. 이제 막 운전면허를 딴 초보 운전자가 F1에 출전할 수도 없는 노릇이다.

투자에 운명을 걸지 않아도 부자가 될 수 있다. 느긋한 마음으로 연습부터, 최대한 많은 실수를 경험한다는 마음으로 시작하자. 어설프고 실수도 많이 하겠지만, 그럴수록 10년 뒤 (CEO는 아니더라도) 팀장이나 부장이 될 확률은 올라간다. F1 레이서는 아니더라도 능숙한 운전자는 분명 될 수 있다.

연습, 얼마나 하면 되나요?

그렇다면 투자 연습은 얼마나 해야 할까. 결론부터 얘기하자면, 기회가 올 때까지다. 코로나 19와 같은 큰 기회 말이다. 이렇게 말하면 "기회는 언제 오냐", "기회가 오는 걸 어떻게 아냐" 등등 또 질문이 쏟아진다.

이 책을 읽을 정도의 관심이 있는 사람이라면 코로나19 정도의 큰 기회는 누구라도 알 수 있다. 당장은 주가가 반 토막이 난다. 뉴스도 난리가 난다. 금방이라도 나라가 망할 것처럼 불안한 이야기들이 쏟아져 나와서 듣기 싫어도 들을 수밖에 없다. 전 세계가 늪에 빠진 것처럼 불안에 떤다. 모를 수 있을까? 이 정도면 모르기가 더 어렵다.

그런데 기회를 왜 못 잡는 걸까? 둘 중 하나다. 첫째는 기회가 왔을 때 돈이 없어서, 둘째는 용기가 없어서다. 둘 다 없을 수도 있다. 어쨌거나 기회를 잡기 위해서는 돈도, 용기도 있어야 한다. 투자할 용기를 내기 위해서는 스스로 판단할 수 있어야 한다. 그래서 미리 경제를 공부해두어야 한다. 정말로 세상이 망할 건지, 아니면 극복 가능한 어려움인지 판단할 수 있어야 투자를 할 수 있다. 투자 연습과 투자자 마인드, 둘 다 있어야만 위기를 기회로 만들 수 있다.

앞서 말했지만 나는 모의투자 경험도 없었고, 연습이라고 생각하고 투자하지도 않았다. 매일, 매달, 매년 전투적으로 일해서 모으고, 아껴서 모았으며, 투자로 불려나가려고 안간힘을 썼다. 하지만 돌이켜보니 코로나19 전까지는 그저 연습에 불과했다.

〈그림 3-1〉은 2015년부터 2019년까지 미국 주식의 연간 수익

| 그림 3-1 | 2015～2019년 미국 주식의 연간 투자 수익

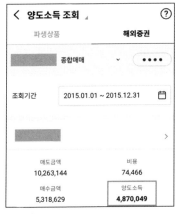

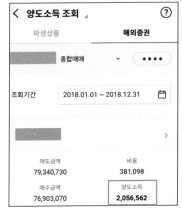

이다. 밤잠 못 자며 매수하고 매도하고 투자했건만 5년간 수익이 1,000만 원도 되지 않는다.

하지만 2020년과 2021년은 달랐다. 2년간 수익이 2억 원이 넘었다(그림 3-2).

미국 주식은 수익을 실현한 다음 해에 양도소득세 20%와 지방세 2%, 도합 22%를 세금으로 내야 한다. 2021년, 무려 3,000만 원에 가까운 양도세를 냈다.

어린 시절 세금 체납자들을 쫓아다니던 TV 프로그램을 보면서 세금 많이 내도 좋으니 돈이나 실컷 벌어봤으면 좋겠다던 생각이 현실이 됐다.

평범한 우리에게는 매일같이 먹잇감을 찾아 헤매는 사냥 같은 투자보다, 코로나19와 같이 물 반 고기 반인 시장이 열릴 때 종잣돈이라는 그물을 던져 적당히 수익이 나면 들어 올리는 투자가 훨씬 쉽고, 빠르고, 확실하게 부자가 되는 방법이다.

하지만 막상 큰 기회가 왔을 때 투자할 돈이 충분치 않은 경우가 많다. 이미 시장에서 손해를 보고 있거나, 다른 곳에 묶여 여력이 없기 때문일 가능성이 크다. 눈앞에 먹잇감이 있는데도 손발이 묶여 아무것도 할 수 없는 상황이란!

기다려야 한다. 잘 알지도 못하는 2차 전지에 투자 못해서 안달복달 말고, 반도체 회사 직원도 아닌데 기술에 대해 알려고 유튜브

| 그림 3-2 | 2020~2021년 미국 주식의 연간 투자 수익

섭렵하지 말자. 여기 조금, 저기 조금 담가놓고 치킨 값, 소고기 값 벌겠다는 투자도 하지 말자.

일테크로 종잣돈 모으고, 짠테크로 확정 수익 만들고, 꾸준히 경제 신문 읽으며 모의투자를 하거나 취미 정도로만 투자해도 된다. 그렇게 해도 뒤처지지 않으니 걱정 붙들어 매자.

1억 원을 2~3억 원으로, 2~3억 원은 5억 원으로, 5억 원은 10억 원으로 불릴 기회가 반드시 온다. 큰 기회가 왔을 때 큰 투자를 할 수 있으려면 종잣돈과 공부, 경험이 필요하다.

실전으로 들어가고 싶어요

종잣돈도 모았고, 모의투자로 연습도 했고, ETF에 소액투자도 하고 있고, 꾸준히 경제 공부도 하는데, 기회는 언제 올지 모르겠고, 투자는 여전히 어렵기만 해서 막상 기회가 와도 잡을 수 없을 것 같다.

부자가 아니라면 장기투자도 금물이고, 주식 적금도 하지 말라 하고, 도대체 뭘 해서 수익을 내고 자산을 늘려갈 수 있을까? 이대로 마냥 기회가 오기만을 기다리면서 있어야 하는 걸까? 그게 가장 좋다고 생각하지만, 대부분의 재테크 초보들은 지루해서 못 견딜 거다. 우리는 늘 새로운 걸 원하고, 도파민이 팡팡 솟아나는 자극적인 걸 추구하도록 설계된 존재이니 말이다.

이왕에 못 참고 투자를 할 거라면 미국 주식으로 시작하라고 권하고 싶다. 한국과 중국, 미국 주식을 경험해보니 미국 주식이 가장 매력적으로 느껴졌다. 잠들기 전에 예약 매수를 하고 아침에 일어나서 확인하면 되니 일상생활에 영향도 덜 받고, 달러로 투자하기 때문에 환차익이 생기는 것도 마음에 들었다(물론 환차손이 생길 수도 있다).

게다가 미국 주식은 한국 주식보다 좀 더 실적에 맞춰서 움직였다. 기업의 실적이 좋으면 주가가 오르고, 나쁘면 하락했다. 한국 기업은 실적이 좋아도 내려가고(이미 주가에 실적이 선반영됐다나), 실적이 나쁘면 더 내려가는 일이 다반사였는데 말이다.

한국 주식은 종목이나 거시경제 외에도 북한과의 문제, 중국이나 일본, 미국과의 수출이나 외교 문제에도 영향을 많이 받았다. 그래서 초보자가 접근하기에는 한국보다 미국 시장이 안정적이라고 생각된다.

게다가 미국은 '401K'라는 연금제도가 있다. 우리나라의 확정기여(DC)형 퇴직연금 제도와 비슷하다. 미국은 개별 주식에도 투자가 가능한 걸로 알고 있다. 1980년대부터 미국은 401K 연금 제도를 활용하여 은퇴 이후의 삶을 대비해왔다.

얼마 전 기사에서 읽은 바로는 401K의 10년간 연평균 수익률이

8~10%이고, 401K 계좌에 100만 달러 이상을 보유한 연금 백만장자가 약 37만 8,000명이나 된다고 한다. 이처럼 퇴직연금이라는 큰 시장에서 적극적으로 투자가 일어나는 것도 한국보다 미국을 추천하는 이유다. 물론 개인적인 의견이니 참고만 하길 바란다.

단점이 있다면, 해외 주식은 양도소득세를 내야 한다. 현재까지 국내 주식은 수익에 대해서 세금을 내지 않지만, 해외 주식은 매년 250만 원을 초과하는 수익에 대해서 22%의 세금을 낸다. 이런 부분을 알고 있어야 수익금을 몽땅 써버리거나 다른 종목에 투자해서 세금 낼 돈이 없는 낭패를 겪지 않을 수 있다.

만약 초보 시절로 돌아가 주식투자를 새롭게 시작한다면 나는 이렇게 하고 싶다. 미국 주식, 누구나 알 만한 글로벌 기업들에 종잣돈의 20%를 투자해서 2~3년에 한 번쯤 수익을 실현하다가 금융위기가 오면 종잣돈의 50%는 한국 시장에, 30%는 미국 시장에 추가로 투자하는 것이다.

2015년부터 현재까지 나스닥에 상장된 기업들에 투자를 하고 있는데, 아무리 시장이 하락하고 난리가 나도 2~3년 사이에는 평균 20~30% 이상 수익을 냈다. 이것도 아주 보수적으로 잡은 수익률이다.

앞으로도 그러리라는 보장은 없다. 내가 이 세상 모든 투자를 경험한 것도 아니다. 그러니 절대 '무조건'이라고 말할 수는 없다. 가장 중요한 것은 신중하게 공부하고 판단한 후에 스스로의 결정으로 투자해야 한다는 것임을 잊지 말자.

롤러코스터인 줄 알았는데 지금 보니 방지턱

요즘 핫한 기업, 엔비디아의 2017년 8월~2020년 3월 차트를 보자 (그림 3-3). 나는 엔비디아를 여러 번 매수하고 매도했는데 두 번째 매수가 2018년 여름이었던 걸로 기억한다. 주가가 한창 상승하던 시기로, 마치 이 상승이 영원할 것처럼 느껴졌다.

그러다 거짓말처럼 2018년 겨울에 전 고점 대비 반토막 아래로 하락했다. 당시 같이 투자했던 이들도 몹시 괴로워했던 기억이 난다. 1년 넘는 고통의 시간을 견디고 나서야 주가가 본격적으로 회복하기 시작했다.

그 사이 여러 번에 걸쳐 추가 매수로 단가를 낮춰두었던 덕에 2020년 3월경 약 3,000만 원의 수익을 보고 매도할 수 있었다. 차트를 보면 지금도 아찔한 롤러코스터처럼 느껴진다.

그런데 이 차트를 길게 늘려서 보면 아주 재미있다. 2017년 8월 ~2021년 7월 차트를 보면(그림 3-4), 롤러코스터인 줄 알았던 구간이 바로 빨간 네모 부분에 해당된다.

| 그림 3-3 | 엔비디아의 2017년 8월~2020년 3월 주가

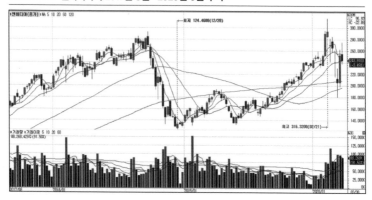

| 그림 3-4 | 엔비디아의 2017년 8월~2021년 7월 주가

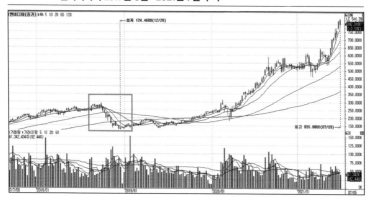

여전히 멀미가 날 것처럼 느껴지는가? 전혀. 2021년 이후 상승 곡선이 오히려 아찔해 보인다. 엔비디아는 2021년 7월 액면분할을 했다. 이렇게 길게 보니, 2018년의 하락은 귀여운 방지턱으로 느껴진다.

투자를 했다면, 롤러코스터 같은 구간을 지날 때 방지턱으로 생각할 수 있어야 한다. 하지만 사람들은 방지턱만 만나도 멀미가 나서 못하겠다고 아우성친다. 그러니 주식투자로 성공한 부자를 만나기 어려운 게 당연할 수밖에.

경제 공부를 제대로 했다면, 투자 연습을 제대로 했다면, 롤러코스터를 만났을 때 눈에 보이지 않는 차트를 그릴 수 있어야 한다. 이 회사가, 투자한 ETF의 주가가 상승할 수 있다는 확신이 있어야 한다. 그래야만 멀미를 이겨내고 종착지에 무사히 도착할 수 있다.

우리 인생도 저 차트와 별반 다르지 않다. 늘 무언가에 쫓기고, 시달리고, 버겁다. 조금만 지쳐도 번아웃이라고 하고, 조금만 버거워도 슬럼프라고 한다. 조금만 피곤해도 아무것도 하고 싶지 않은 무기력에 빠진다. 인생이라는 마라톤은 이미 시작됐는데 달리기는커녕 걷는 것조차 싫다.

존스홉킨스대학교 소아정신과 지나영 교수의 저서 《마음이 흐르는 대로》에는 이런 미국 속담이 나온다.

"모든 일은 당신에게 일어나는 게 아니라 당신을 위해 일어난다 (Everything is happening for you, not to you)."

투자에서 롤러코스터를 만나건, 인생에서 낭떠러지를 만나건 모든 일은 나를 위해서 일어난 것이다. 그것을 극복하고 지나올 때 크게 성장할 수 있으니 피하거나 쓰러져 있지 말고 그저 방지턱일 뿐이라고 되뇌며 한 걸음씩 앞으로 나아갔으면 한다.

그 끝에는 반드시 다디단 열매가 기다리고 있을 것이다.

미지근할 때 사고, 뜨거워지면 판다

투자를 할 때는 원칙이 있어야 한다. 하지만 투자 경험이 없으면 원칙을 만들기가 쉽지 않고, 남의 원칙을 따라 하기도 어렵다.

게다가 처음 시작할 때는 이렇게 조심, 저렇게 조심하다가도 우연치 않게 수익을 보고 자신감이 올라오면 그때부터는 레이싱 선수처럼 달리는 경우도 많다.

결국 사고가 난 뒤에야 다시 깨닫는다. '아, 나 아직 초보였지. 더 조심했어야 하는데.' 그래서 초보자가 반드시 잊지 말아야 할 투자의 원칙 한 가지만 얘기하려고 한다. 여기 펄펄 끓고 있는 냄비가 있다. 이 냄비에 손을 넣는 사람은 아무도 없을 것이다. 그럼 투자의 세계는 어떨까. 불타오르는 2차 전지, 전기차, 바이오 종목들은 뜨거운 걸 뻔히 알면서도 스스로 뛰어든다.

초보자일수록 지켜야 할 투자의 원칙 한 가지는 바로 이거다. 뜨거울 때 들어가지 않는 것. 화상을 피할 수 있는 하나뿐인 방법이다.

그럼 반대로, 시베리아처럼 냉기가 돌 때는 괜찮을까? 뜨거움만큼이나, 초보자에게는 차가움 역시 견디기 어려운 고통이다.

반드시 미지근할 때 사고, 뜨거워지거나 차가워지면 나와야 한다. 그래야 고통을 줄일 수 있다. 부상을 줄여야 재테크 마라톤을 완주할 수 있다.

그때는 틀리고 지금은 맞는다

신혼 초, 내 집 마련을 위해 빚을 내 투자를 했었다. 아파트 분양권을 받기 위해서 1억 원을 대출했는데 결과는 실패였다. 1억 원은 고스란히 빚으로 남았다. 이미 갖고 있던 학자금대출과 신용대출에 1억 원까지 더해지니 허리띠를 더 졸라매야 했다.

엎친 데 덮친 격일까. 글로벌 금융위기 이후 금리가 계속 오르고 있었다. 처음 1억 원을 대출할 때는 이자가 연 4%대였는데, 거의 8% 오르면서 매달 부담해야 하는 이자가 두 배로 늘었다. 가진 돈으로 대출 상환을 할지, 투자를 할지 고민스러웠다.

햄릿의 죽느냐 사느냐 만큼이나 심각하게 답이 없는 고민을 계속했다. 그간 재테크를 해서 성공한 적이 없었던 데다 이제는 딸린 식구가 더 늘었기 때문이다.

지금처럼 살면서 차근차근 빚 갚고 알뜰하게 돈을 모아가야 할까? 아니면 조금 버겁더라도 빚을 갚아나가는 한편 투자를 해야 할까?

　나는 후자를 택했다. 지금처럼 살면 언젠가 빚은 다 갚겠지만, 아이들의 교육이나 나와 부모님의 노후까지 대비하기에는 턱없이 부족했다. 그래서 물러설 수 없었다. 더 열심히 일해야 했고, 더 열심히 아껴야 했고, 더 열심히 불려야만 했다.

　생각 없이 가입했던 보험을 해지하고, 펀드를 환매했다. 당연히 손실이 컸다. 하지만 눈덩이를 가지려면 눈뭉치가 필요했다. 지금의 손실을 반드시 10년 안에는 만회하자고 몇 번이고 다짐했다.

　하지만 역시 쉽지 않았다. 매 순간이 고비였다. 수익을 내서 보란 듯이 남편과 가족에게 자랑하고 싶었지만, 계좌는 여전히 찬바람만 불었다.

　그때 포기했다면 나의 재테크는 또 한 번의 실패로 시즌을 마무리했을 것이다. 하지만 버텼다. 일해서 벌고, 아껴서 모은 돈으로 투자를 계속 해나갔고, 그 과정에서 경험하고 느낀 것들을 원칙으로 정해나갔다.

　그렇게 7년 정도의 시간이 흐르니 미국 주식은 100%가 넘는 수익을 내기도 했다. 그러다 2020년, 코로나19 시즌에 자산이 두 배로 늘었다. 2013년부터 2020년까지 복리 개념을 적용해 수익률을 계산해보면 연 30%였다. 사회에 첫발을 내디딘 2001년부터 계산해도 연 11%에 달했다.

연 8%라는 수익률이 막연하고 어렵게 느껴져 연 5%, 연 3%를 목표로 잡고 로드맵을 그리는 분들께 꼭 알려주고 싶다. 로드맵의 수익률은 지금의 내가 아니라 앞으로의 내가, 열심히 살아온 미래의 내가, 기회를 놓치지 않고 잡은 내가 달성하는 것이라고 말이다.

돌이켜보면 인생은 전화위복과 새옹지마의 연속이었다. 분양권 투자에 실패했을 때는 망하는 줄로만 알았다. 더 이상의 기회는 없을 줄로만 알았다. 그런데 오히려 그 실패가 부자언니를 알게 해줬고, 주식투자의 세계에 발을 들여놓게 해줬고, 강의하게 해줬고, 책을 쓰게 해줬다.

만약 분양권 투자에 성공해서 안정적인 내 집 한 채를 가졌더라면, 주식투자에는 눈길조차 주지 않았을 거다. 일찌감치 펀드나 ELS, 보험과 같은 금융상품의 실패 경험이 없었더라면 여기까지 오는 데 훨씬 더 많은 시간이 걸렸을 것이다.

가난이 부를 원하게 했고, 손해를 본 덕에 손해 보지 않는 법을 배웠다. 그때는 틀렸지만, 지금은 맞는다. 그러려면 반드시 버텨야 한다. 잊지 말자. 우리는 과정에 있을 뿐, 결과는 아직 만나지 않았다.

투자, 수익 날 때보다 손실 날 때가 더 많다

주식투자에서 손절 없이 수익만 내는 건 불가능하다. 전망 좋은 산업이라고, 돈 잘 버는 회사라고 늘 별만 드는 건 아니다.

LG화학은 전 세계에서 가장 우수한 배터리 회사라고, 주가가 100만 원은 돼야 한다는 말을 2015년부터 들었지만 2012년부터 2020년 초까지 무려 8년이나 30만 원대에 머물렀다.

그러다 코로나19 이후 전기차 섹터와 함께 배터리 회사들의 주가가 전체적으로 오르면서 급등을 시작하더니 100만 원대에 진입했다. 2020년 초에 LG화학을 샀다면, 단기간에 큰 수익을 얻었을

| 그림 3-5 | **2009~2023년 LG화학 주가**

것이다. 하지만 2010년에 샀다면, 무려 9년이 넘는 시간을 기다렸어야 겨우 본전이다.

솔직히 말해 투자에서 큰 수익을 보는 데는 운이 필요하다. 투자만 그렇겠나. 어떤 일이건 크게 잘되는 데는 여지없이 운이 따라야 한다. 하지만 그렇다고 운만 바라고 있을 순 없다. 운이 없다고 생각하고, 할 수 있는 걸 해야 한다.

LG화학을 2020년에 산 건 운의 영역이다. 하지만 2012년에 샀어도 운이 찾아올 때까지, 기회가 올 때까지 기다릴 수 있다. 이건 투자자의 영역이다. 2012년에 투자해서 2020년까지 기다릴 수 있는 것도 부자의 그릇이고, 혹여 못 기다렸더라도 지나간 기회에 분노하거나 슬퍼하지 않는 것도 부자의 그릇이다.

먼저 그릇을 빚어야 부자가 될 수 있다. 그릇을 넓히고 키우고 단단하게 빚다 보면 어느 날 운이 담길 수 있다. 물론 끝까지 담기지 않을 수도 있다. 하지만 그릇을 빚는 동안 단단해진 사람은 차근차근 부자의 길로 나아갈 힘을 갖게 된다.

예비 부자(1억~3억 원) 구간은 해야 할 공부도 많고, 투자 자산이 커진 만큼 수익률도 출렁이기 때문에 멘털이 약하면 특히 힘들다. 큰 기회가 올 때까지 지루함을 견디기도 쉽지 않다.

시간 관리를 잘해서 경제 공부를 놓치지 말자. 지금을 위해 집 안과 주변 정리를 해둔 것이니 우선순위에 맞게 시간을 쓰자.

투자 경험으로 부자의 그릇도 반드시 늘려야 한다. 우리의 그릇은 수익보다 손실에서 더 깊고 단단해질 수 있다. 모의투자로 연습하고 작은 투자로 고된 경험을 켜켜이 쌓으면서 종잣돈을 불려나갈 때 기회를 내 것으로 만들 수 있다.

공들인 돈은 배신하지 않는다

피부가 좋은 사람은 피부에 공을 들인 사람이다. 건강한 사람은 몸에 공을 들인 사람이다. 똑똑한 사람은 지식에 공을 들인 사람이다. 부자는 돈에 공을 들인 사람이다. 돈에 공을 들인다는 건 돈을 소중히 여기고, 지속적으로 관리하며, 내가 가진 돈에 감사하는 것이다.

그리고 돈에 시간을 들이는 것이다.

《부자언니 머니노트》를 펼치면 맨 첫 장에 이렇게 쓰여 있다.

"시간에 투자하세요. 돈 들인 사람은 배신해도, 시간 들인 돈은 결코 당신을 배신하지 않습니다."

돈에 공을 들인다는 건 돈 담을 그릇을 키우는 것이기도 하다. 돈에 매몰돼 사람보다 돈이 중요하고, 남의 돈은 우습고 내 돈만 소중하고, 백화점에서 명품 가방은 카드로 쉽게 긁으면서 시장에서 나물 파는 할머니한테는 한 푼이라도 깎으려 든다면 진정 부자라고 말할 수 있을까? 투자에서 수익이 나면 내 실력, 손실이 나면 남 탓, 나한테 쓰는 돈은 투자, 남에게 베푸는 돈은 낭비인 사람은 부는 가졌을지 몰라도 부자의 그릇은 가지지 못한 사람이다.

돈은 큰 그릇을 찾아 돌아다닌다. 그릇이 작은 사람에게는 돈이 오래 머물지 않는다. 내 돈이 소중하다면 다른 이의 돈은 더 소중하게 아껴줘야 하고, 가치 있는 곳에 돈을 써야 한다. 돈 자체는 종이에 불과하다. 의미 있게 썼을 때 가치가 생기고, 비로소 행복감도 얻을 수 있다.

나는 재테크를 하면서 인문학 도서를 꾸준히 읽었다. 역사나 심리학, 고전문학과 같은 책을 통해 간접적으로나마 세상과 사람을 이해하고자 했다. 돈 불어나는 재미에 빠져서 돈 자체를 사랑하지 않으려 노력했다. 돈이 있어야만 행복할 수 있다거나, 돈이 최고라고 생각하지 않으려 노력했고, 지금도 노력하고 있다.

부자가 되고 싶다면, 부자의 그릇을 넓히고 싶다면 인문학을 놓치지 말자. 직접 만나지 않아도 수천 명을 만나고 경험할 수 있고, 직접 경험하지 않아도 역경을 이겨낼 수 있으며, 세상의 진리와 삶의 이치를 배울 수 있다.

내 그릇의 크기, 어떻게 키울 수 있을까

부자가 되려면 먼저 그릇을 키우라는 말, 참 많이도 들었다. 맞는 말이긴 한데 너무 추상적이다. 지금 내 그릇은 어느 정도 크기인지, 그릇을 키우려면 무엇을 해야 하는지 막막하기만 하다.

이즈미 마사토의 《부자의 그릇》을 보면 이런 말이 나온다.

"돈은 반드시 다른 사람이 가져온다."

우리의 그릇이 어느 크기인지 판단하는 건 주변 사람들이라는 말이다. 살아보니 전적으로 동의가 된다.

첫 직장을 그만두고 대학원에 진학할 때, 대학 시절 교수님의 추천이 있었다. 대학원을 졸업하고 다시 취업을 할 때는 대학원 교수님의 추천이 있었다. 그 회사를 떠나 이직을 할 때는 첫 직장에서 함께 일했던 선배 P의 추천이 있었다. 그리고 마지막 직장으로 자리를 옮기게 된 건 전 직장 선배 Y의 추천 덕분이었다.

그런 과정들을 거쳐 연봉을 높일 수 있었고, 종잣돈을 모을 수 있었고, 오늘의 내가 있게 되었다. 내 실력으로, 내 노력으로만 된 게 절대 아니다.

또 있다. 내가 강의를 하고, 클래스를 열고, 재린이유치원을 운영하고, 이렇게 책까지 쓸 수 있게 된 건 부자언니 덕분이다. 평범한 직장인에서 강사로, 재린이들의 코치로 성장할 수 있었던 것은 수 많은 분들의 도움과 나의 노력이 함께 버무려졌기에 가능했다.

돈은 다른 사람이 가져다준다고 했다. 돈이 나에게 오게 하려면 다른 이들에게 신뢰를 주어야 한다. 약속을 지키는 사람이 돼야 한다. 그러자면 먼저 나 자신과의 약속부터 소중히 생각하고 지키자. 중요한 일을 미루지 말자. 작은 일에도 감사하자. 돈과 관련 없어 보이는 이런 습관들이야말로 부자의 그릇을 키워준다.

그릇을 키우기 위해 꼭 해야 할 일 한 가지는 바로 독서다. 우리는 우리의 경험 안에서만 생각할 수 있고 결정할 수 있다. 그래서 다양한 경험이 중요하지만, 직접 경험하기에는 시간도 비용도 늘 부족하다. 책 속에는 직접 겪지 않고도 얻어갈 수 있는 수천 가지의 경험과 노하우가 담겨 있다.

재테크를 시작하는 사람들은 대개 주식, 부동산, 경매 등 재테크 위주로 책을 읽는다. 하지만 재테크에 필요한 마인드, 부자가 되기 위해 갖춰야 할 태도는 인문학 서적에서 더 많이 배울 수 있다. 부자의 그릇은 인문학 서적을 통해 더 넓고 깊어진다.

참고로, 재린이유치원 블로그(https://blog.naver.com/jaerin_school) 의 '재유 서재' 카테고리에는 재린이유치원생들이 함께 읽고 느낀 점을 나눈 도서들이 소개돼 있다. 무슨 책을 읽어야 할지 막막한 분들께 도움이 되길 바란다.

나는 재테크를 하면서 인문학 도서를 꾸준히 읽었다.
역사나 심리학, 고전문학과 같은 책을 통해
간접적으로나마 세상과 사람을 이해하고자 했다.
돈 불어나는 재미에 빠져서
돈 자체를 사랑하지 않으려 노력했다.
돈이 있어야만 행복할 수 있다거나,
돈이 최고라고 생각하지 않으려 노력했고,
지금도 노력하고 있다.

○ 4장 ○

MONEY CHANGES EVERYTHING

발전

자본소득과 노동소득의 시너지가 날 때
한 계단 올라갈 수 있다

언제 또 올지 모를
이 위기를
놓쳐선 안 돼!

코로나19라는 기회

1997년 대한민국에는 외환위기라는 큰 시련이 닥쳤다. 이를 다룬 영화 〈국가부도의 날〉을 못 보신 분들은 꼭 한 번 보시면 좋겠다. IMF(International Monetary Fund, 국제통화기금)에서 구제금융을 받아 이 시기를 IMF라고 부르기도 했는데, 당시 나는 고등학교 3학년이었다. 우리 집이 가난한 것만 문제였고, 불안한 내 미래에만 신경 쓰느라 나라가 어떻게 되는지는 관심도 없었다. 대학을 나와 보니 취업이 어려워져 어지간한 직장 잡기가 쉽지 않다는 것만 체감했을 뿐이다.

고시원에서 살던 2001년 9월 11일, 새벽녘에 잠이 깼다. TV에서 속보가 나오고 있었다. 미국의 높은 빌딩이 테러로 무너지는 장면을 보면서 처음엔 영화인 줄로만 알았다. 이게 실제 상황이라는 건 다음 날 알았지만, 그때도 이 일로 주가가 폭락해서 누군가는 눈물을 쏟고, 누군가는 부자의 기회를 잡았다는 걸 전혀 알지 못했다.

2007년 서브프라임 모기지 사태 관련 뉴스가 처음 세상에 나왔을 때도 마찬가지였다. 가지고 있던 펀드 수익률이 다 날아가고, 다니던 회사가 매각이 되는데도, 세상이 어떻게 돌아가는지 나에게는 여전히 어렵기만 했다.

그렇게 나에게는 세 번의 기회가 스치듯 지나갔다. 닷컴 버블까지 포함하면 네 번이겠다. 10여 년 전, 경제에 본격적으로 관심을 가지기 시작하면서 그제서야 내가 얼마나 무지했는지 깨달았다. 알았다 한들 할 수 있는 건 아무것도 없었다. 그때의 나는 투자할 현금도, 멘털도 전혀 갖추지 못했으니까.

2019년 말, '우한폐렴'이라는 명칭으로 코로나19 바이러스가 뉴스에 등장했다. 중국에서는 지역을 봉쇄하는 등 강력한 조치가 진행 중이었고, 세계 각국이 바이러스 감염 차단을 위해 노력하고 있었다. 하지만 바이러스는 아주 강력하고 빠른 속도록 퍼져나갔다.

이 가공할 바이러스가 경제에 미칠 심각한 영향은 주식 투자자가 아니라도 모두 알 수 있었다. 그런데 해가 바뀌어 2020년 1월이 되어도 한국 주식시장은 여전히 상승세였다. 삼성전자는 6만 원을 넘어섰다.

눈치챌 수 있었다. 주식이 떨어질 거라는 걸, 뭔가 준비해야 한다는 걸 말이다. 못난이 종목들을 팔고 흩어져 있던 현금을 정리해서 모았다. 2020년 3월, 코스피가 드디어 하락을 시작했다. 단숨에 지수가 2000에서 1400대로 떨어졌다.

여기저기서 난리가 났다. "일시적이다. 곧 V자형 반등을 할 거다", "L자형이나 U자형이 될 거다", "코로나19가 쉽게 잡히지 않을 거고 경제에 미치는 영향이 오래갈 거다" 등 다양한 의견이 쏟아져 나왔다. 연일 하락을 거듭하자 그동안 주식투자를 모르던 사람들까지 뛰어들어 '동학개미운동'이라는 신조어까지 나왔다. 기회의 시장, 물 반 고기 반 시장이 열렸다. 미리 준비한 현금으로 테슬라에 투자했다.

슬슬 주식시장이 반등을 시작했고, 자고 일어나면 잔고가 불어 있는 마법을 경험했다. 테슬라는 당시에도 핫한 종목이었다. 나만 아는 비밀의 종목이 아니었다.

2020년 12월, 순자산이 5억에서 10억 원으로 불어났다. 2억 원이었던 주식 잔고가 1년 새 5억 원을 넘었다. 남들은 모르는 비법이나 노하우는 없었다. 빚내서 뭉칫돈을 투자한 것도 아니었다.

한 번의 기회가 지난 몇 년간의 수익률을 따라잡았다.

부자언니는 늘 말했다.

"부자들에게 위기는 절호의 기회야. 위기가 오면 각종 자산의 가격이 반값으로 하락하거든. 바겐세일을 한다고 볼 수 있지. 그때를 놓치지 않고 줍줍하는 거야. 그리고 위기가 지나가면 자산 가격은 다시 오르지. 부자들은 위기를 놓치지 않아."

처음 이 말을 들었을 때는 의문을 가졌다.

'가진 돈이 있어야 줍줍도 할 수 있지 않을까? 자산을 모두 현금으로만 지닌 것도 아닐 텐데 말이지. 게다가 위기가 오면 부자들이 가진 자산도 같이 하락할 텐데, 부자들은 어떻게 현금을 확보하는 거지?'

그런데 나도 해냈다. 해보니까 가능했다.

기회는 짧다. 미리 준비해야 잡을 수 있다. 먼저 위기를 알아채야 한다. 코로나19 바이러스와 관련된 기사를 접하면 '경제에 영향을 주겠는데?' 정도는 생각할 수 있어야 한다.

다음으로는 대비해야 한다. 위기 때 가장 가치 있는 자산은 현금이나 현금화가 쉬운 자산이다. 전쟁이 났다고 생각해보자. 주식이나 부동산은 아무런 의미가 없다. 당장 쓸 수 있는 현금이나 금이 최고의 가치를 가진다.

위기의 쓰나미가 덮치기 전에 기회를 잡을 현금을 마련해둬야 한다.

마지막으로는 빨리 실행해야 한다. 기회는 기다려주지 않는다. 망설이는 사이, 수많은 사람이 뛰어든다. 그들 뒤에 서면 그만큼 수익이 작아지는 게 당연하다. 위기 상황에서 투자할 수 있으려면 평소에 경제 공부와 투자 연습이 돼 있어야 하고, 무엇보다 투자 마인드가 갖춰져 있어야 한다. 이것들은 하루아침에 생기지 않는다.

5억에서 10억 원으로 자산을 불릴 수 있었던 건 투자 정보 때문이 아니었다. 마이너스 때부터 다져진 멘털과, 위기를 알아볼 수 있었던 경제에 관한 관심, 그리고 무엇보다 종잣돈이 있기에 가능했다.

기회, 또 오나요?

앞에서 언급한 1997년부터 2020년까지만 해도 다섯 번의 큰 위기가 지나갔다. 1997년 외환위기, 2000년 닷컴 버블, 2001년 9·11 테러, 2008년 글로벌 금융위기부터 2020년 코로나19까지. 생각보다 위기가 자주 온다. 그러니 코로나19가 끝이었다고, 앞으로 이런 기회는 다시 오지 않을 거라고 포기할 이유가 없다.

다섯 번의 위기에서 내가 잡은 건, 단 한 번뿐이다. 이 한 번으로 자산을 두 배 이상 불렸다. 앞으로 몇 번의 위기를 더 만날지, 몇 번의 스트라이크를 날릴 수 있을지는 모르겠다. 하지만 이번 경험으로 감을 잡았다. 여러분도 할 수 있다.

이런 기회가 3년 안에 올지, 10년이 지나야 올지는 아무도 모른다. 우리가 할 일은 감나무 아래 누워서 감이 떨어지길 기다리는 게 아니라, 감이 많이 열릴 수 있게 나무를 가꾸고 키우는 일이다.

〈그림 4-1〉과 〈그림 4-2〉를 보면 알 수 있듯이, 2007년과 2020년의 주가 폭락이 마치 쌍둥이처럼 비슷한 흐름이다. 기간에서 약간의 차이는 있어도 급속도로 떨어지고 이후 주가를 회복하는 모양새가 마치 복사해서 붙여 넣은 듯 닮았다.

| 그림 4-1 | **2007년 금융위기 시 주식 차트**

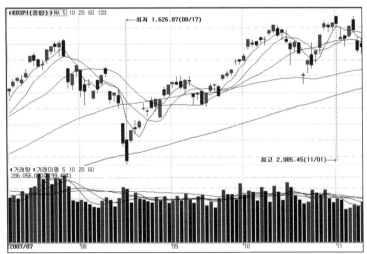

| 그림 4-2 | **2020년 코로나19 팬데믹 시 주식 차트**

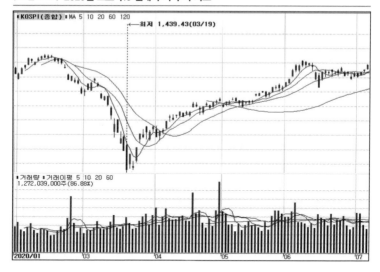

〈그림 4-3〉은 2007년부터 2011년까지 더 길게 본 차트로, 앞에서 본 아찔한 급락 구간이 빨간 네모 부분이다. 2007년도 주가 하락은 찐 바닥이 아니었다. 2008년 10월 코스피는 892까지 하락한다.

코로나19 하락 이후의 모습은 어떨까? 〈그림 4-4〉를 보면 금융위기와는 사뭇 다르다. 부동산과 주식 모두 급등을 했고, 2021년 6월에는 코스피가 3316까지 치솟기도 했다. 지금은 다시 조정을 받아 2500~2600대를 왔다 갔다 하고 있다.

금융위기 이후의 차트를 길게 늘여보면 2011년부터 2016년까지 무려 6년 넘게 박스권에 갇혀 있는 걸 볼 수 있다. 금융위기 때의 교훈으로 어쩌면 지금은 바닥을 피하고 이미 박스권에 들어갔을지도

| 그림 4-3 | 2007~2011년 주가 차트

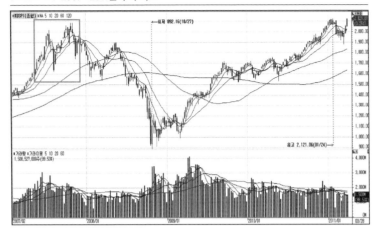

| 그림 4-4 | 2020~2023년 주가 차트

모를 일이다. 하지만 앞으로 주식시장이 어떻게 변할지는 아무도 모른다. 어느 쪽으로 가든 대응할 수 있도록 준비하는 게 우리가 할 일이다. 언제든 위기를 기회로 잡을 수 있도록 늘 깨어 있어야 한다.

서브프라임 모기지 사태(Subprime Mortgage Crisis)

2008년 글로벌 금융위기를 촉발한 사건. 2007년 미국의 서브프라임 모기지(신용점수가 낮은 이들을 대상으로 하는 주택담보대출)가 부실화하면서 발생했다. 2000년대 초반 닷컴 버블 붕괴와 9·11 테러로 경기가 악화되자 미국은 초저금리 정책을 폈다. 주택대출금리도 인하되고 부동산 시장으로 유동성이 집중되면서 주택 가격은 계속 상승했다.

주택 가격이 오르자 금융기관들은 상환 능력에 대한 철저한 검증 없이 주택담보대출을 해주었다. 그러다 금리가 상승하고 주택 시장은 2006년에 정점을 찍은 뒤 하락하기 시작했다.

그러자 대출을 갚지 못하는 이들이 늘어났고, 부동산 기반의 자산 손실이 일어나면서 이에 투자했던 금융기관들의 부실이 심화됐다. 2008년 9월 미국의 4대 투자은행인 리먼 브라더스가 모기지 투자에서 입은 손실로 파산하면서 글로벌 금융위기가 일어났다.

2
—

자본소득의 꿀맛
한번 볼래

이제는 플렉스해도 될 때

"여보, 이번 미국 주식 수익금으로 차 바꾸자."

10년 된 아반떼를 정리하고 산타페를 샀다. 남편은 주식투자로 새 차를 살 만큼의 수익을 냈다는 사실을 신기해했다.

전에는 투자수익을 전부 재투자했다. 하지만 이때만큼은 나를 믿고 우리 집 경제를 맡겨준 남편과 함께 누릴 수 있는 소비를 하고 싶었다.

엄마가 챙겨주지 않아도 공부와 학교생활을 스스로 척척 해주는 아이들에게도 자본소득의 의미를 알려줄 수 있는 소비를 경험시켜

주고 싶었다. 무엇보다 감사했다. 가족이 제자리를 지켜주지 않았다면, 건강하지 못했다면 누릴 수 없는 소득이기 때문이다.

퇴사를 하면서 퇴직연금을 수령했다. 2차 전지 ETF에 투자를 하고 있었는데 한창 상승세에 있던 터라 꽤나 두둑한 금액을 손에 쥘 수 있었다. 수익금으로 나만의 차를 샀다. 우리 집 차는 모두 자본소득으로 장만한 셈이다.

엄마를 모시고 이미자 60주년 콘서트에도 갔다. 어릴 때 기억으로 엄마가 이미자를 좋아했던 것 같은데 마침 콘서트를 하기에 엄마에게 전화해서 물었다.

"엄마, 나랑 이미자 콘서트 같이 갈래요?"

평소 같으면 돈 아깝다고 했을 엄마가 뜻밖의 대답을 하셨다.

"살아서 한 번은 볼 수 있을까 싶었는데, 우리 딸 덕에 이미자를 보겠네?"

사실 콘서트 티켓은 그리 비싼 가격이 아니었다. 진작 보여드릴 수도 있었는데 참 오래도 걸렸다. 그동안 아이 키우느라, 직장 다니느라, 잘살아보겠다며 재테크하느라 마음의 여유가 없었다.

서울에 올라오셔도 좋은 식당 한 번 모시고 가지 못했고, 좋은 옷 한 벌 제대로 사드리지 못했다. 돌아가신 아빠 몫까지 다 해드려야지 했던 마음은, 일상에 밀려 자꾸만 미뤄졌다. 그러는 사이 엄마는 일흔을 코앞에 두고 계셨고, 어느 날 갑자기 파킨슨병 선고를 받았다.

아무리 빨라도 늦은 게 후회라고 했다. 진작 잘해드리지 못한 걸 아쉬워할 시간에 한 가지라도 더 많은 추억을 남겨야겠다고 마음먹었다. 엄마와 콘서트도 다녀오고, 커플 스파도 받고, 소고기도 사드리고, 좋은 옷도 한 벌 사드렸다. 44년 만에 최고로 잘한 지출이었다.

동네 산책을 하며 엄마에게 말했다.

"엄마, 약도 잘 먹고 밥도 잘 먹고 운동도 열심히 해요. 그래서 더 나빠지지 않게 관리하자. 지금부터 10년만 잘 버티면 파킨슨병도 치료 가능해질 거야. 그럼 내가 꼭 엄마 낫게 해줄게. 10억 원이 들어도 꼭 해줄게."

"응. 엄마도 더 열심히 살아야겠다는 용기를 얻었어."

그날 이미자 선생님은 3주 전 넘어지는 바람에 한쪽 팔과 두 다리에 깁스를 한 채로 두 시간을 서서 노래했다. 노래할 수 없는 상황이지만 콘서트는 약속이기에 취소할 수 없었다고 한다. 여든이 넘은 나이에도, 아픈 몸인데도, 약속을 지키기 위해 열과 성을 다해 노래하는 이미자 선생님을 보면서 엄마도 힘을 내야겠다고 다짐을 하셨단다. 참 감사한 콘서트였다.

그날 내게는 부자가 돼야 할 이유가 하나 더 생겼다. 치료제가 나오면 꼭 엄마를 낫게 해드려야겠다는 목표 말이다. 그러자면 더 열심히 자산을 불리고, 더 열심히 살아야겠다고 다짐했다. 나에게는 아직 엄마에게 해드릴 최고의 플렉스가 남아 있으니 말이다.

소액으로 자본소득 맛보기

오래전 주식 배당금으로 한부모가정에서 자라는 아이에게 실손보험을 들어준 적이 있다. 노동소득이 아닌 자본소득으로 누군가를 도울 수 있다는 게 좋았다. 하지만 그 기부는 안타깝게도 오래가지 못했다. 보호자였던 아이의 엄마가 보험을 해지해버렸기 때문이다.

그 후로 한 달에 3만 원씩 자동이체 기부만 했는데, 작년에는 주식 배당금으로 받은 돈에 일부를 보태 500만 원을 기부했다. 1억원도 아니고 1,000만 원도 아니지만 뿌듯함만큼은 최고였다. 올해도 자본소득의 일부를 기부했다.

20년쯤 전에 "열심히 일한 당신 떠나라"라는 광고 카피가 있었다. 돈 걱정 없이 훌쩍 떠나고 싶지만 아무리 열심히 일해도 막상 떠날 때는 돈을 따져봐야 한다. 예산에 맞춰서 숙소를 잡고 음식을 먹어야 한다. 떠나는 날부터 돌아올 날까지 치밀하게 계획하고 예산을 세워서 떠나는 게 평범한 사람의 여행이다.

앞으로는 열심히 일한 돈 말고, 주식 배당금으로 떠나자! 내 돈이 일해서 벌어온 돈으로 떠나는 여행이야말로 자본주의의 맛을 제대로 느끼게 해주는 미식여행이다.

주식을 한 주만 가지고 있어도 배당금은 받을 수 있다. 자본소득을 경험하기에는 아주 좋은 방법이다. ETF도 배당금을 받을 수 있다. 자본소득 맛보기를 하고 싶다면 배당주에 관심을 갖고 공부해 봐도 좋겠다.

단, 배당금에 혹해서 투자하는 건 반대다. 배당주에 투자하더라도 전망이 괜찮은 기업을 사서 장기적으로 가치가 올라야 의미가 있지, 주가는 하락하는데 배당금을 받는 건 의미 없다.

지금은 남의 일같이 느껴지겠지만, 배당금으로 여행 가고 기부하기는 그리 오래 걸리지 않는다. 조금 더 시간은 걸리겠지만, 자본소득으로 차 사고, 집 사고, 건물 사는 날도 반드시 온다.

그러니 안 할 이유나 미룰 핑계를 찾는 데 시간을 낭비하지 말고, 당장 물건 정리부터, 로드맵 그리기부터 시작하자.

배당금

기업이 일정 기간 영업활동을 해서 발생한 이익 중 일부를 주주들에게 나눠주는 것. 기업마다 1년에 한 번, 분기별, 반기별 등 배당 시기가 다르다.

MONEY CHANGES EVERYTHING

3
—

우리 아이
부자 만들기

포레스트 검프의 사과회사처럼

비록 소액이지만 나의 두 아들은 삼성전자와 현대차의 주주이고,
테슬라와 엔비디아의 주주다. 원화로도 달러로도 배당금을 받는다.
적은 금액이지만 아이들에게 자본소득에 대해 설명하고 자본가로
서의 삶을 알려줄 수 있는 좋은 기회다.

아이들이 스무 살쯤 됐을 때 이 회사들의 주가가 어떻게 돼 있을
지는 아무도 모른다. 회사가 없어졌을 수도 있고, 지금보다 10배 이
상으로 가치가 상승해 있을 수도 있다. 조금 더 자라면 기업에 대해
이야기를 나누면서 투자 지속 여부를 함께 결정하는 것도 좋을 것

같다.

아이들 주식 계좌를 만든 건 2015년이었다. 종종 용돈 주는 마음으로 10만 원씩 이체해주거나, 할머니가 주시는 용돈을 넣어주었다. 그러다 2016년, 내가 투자한 엔비디아 수익이 40% 정도 났을 때 아이들에게도 소액으로 담아주었다.

"지금 사기에는 너무 비싼 거 아니야?"

남편은 걱정했지만, 아이들에게는 투자할 수 있는 시간이 많았다. 각각 200만 원을 투자해주었다.

해외 주식은 연간 수익이 250만 원을 초과하면 5월에 소득 신고를 하고 양도세를 내야 한다. 내 것 신고하기에도 바쁜데 굳이 아이들 것까지 수익을 실현해서 세금 신고를 하는 게 살짝 귀찮기도 했고, 아이들은 성인이 될 때까지 시간적 여유도 있어 굳이 매도할 필요성을 못 느꼈다.

그렇게 엔비디아와 테슬라, 삼성전자와 현대자동차 같은 기업을 아주 소액으로 조금씩 담아주었다. 그 결과 2023년 9월 엔비디아 수익률은 1,600%가 넘었다.

영화 〈포레스트 검프〉를 보면, 검프가 우편물을 한 통 받는 장면이 나온다. 애플의 로고가 찍힌 하얀 봉투다. 검프는 함께 전쟁에 참전했던 상사와 새우잡이를 해서 큰돈을 벌었는데, 그 돈을 애플 주식에 투자했다는 내용이다. 검프가 이렇게 말한다.

"중위님께서 내 돈을 관리해주셨죠. 무슨 과일회사에다 투자를 했다며, 우린 이제 돈 걱정할 필요가 없어졌다더군요."

아이들은 어른에 비해 시간이 많다. 자발적 장기투자가 가능하다. 투자액이 적어 수익도 적지만 가벼운, 그야말로 취미 같은 투자가 가능하다. 소액이지만 오랜 시간이 더해져 수익이 빛을 발하면 우리 아이들은 조금은 나은 환경에서 시작할 수도 있다.

대학 시절 어학연수 한 번 못 가고, 배낭여행 못 다녀온 게 늘 아쉬웠는데 우리 아이들은 배낭여행 정도는 언제든 훌쩍 떠날 수 있을 것 같다.

이 떡볶이 가게 주식 살 수 있나요

우리 가족은 식탁에서 종종 재테크 이야기를 나눈다. 남편과 내가 나누는 대화를 듣고 자란 아이들이 재테크에 관심을 갖는 건 당연한 일이다.

특히 첫째는 초등학교 1학년 때부터 자연스레 주식에 관심을 갖기 시작했다. 어느 날, 아이가 주식이 뭐냐고 묻기에 이렇게 말해주었다.

"어떤 회사에서 물건을 만들어서 팔려고 해. 그렇게 하려면 공장도 필요하고 직원도 필요하고 돈이 아주 많이 있어야 하는데, 사장님이 가진 돈으로 부족할 수 있거든. 그래서 회사에 투자할 사람들을 모으고 돈을 받는 대신 주식을 나눠주는 거야. 그러면 사장님은 그 돈으로 공장도 짓고 직원도 뽑아서 물건을 만들어서 장사를 하는 거지.

회사가 장사도 잘하고 점점 돈을 잘 벌면 그 회사 주식을 사고 싶어 하는 사람이 많아지면서 주식이 점점 비싸지고, 반대로 망할 것 같으면 팔고 싶은 사람이 많아지면서 주식이 점점 싸지기도 하고 그렇단다.”

이해를 하는지 못하는지 알 수 없지만 나름대로는 최선을 다해 설명해주었다.

며칠이 지나고 첫째와 동네에 새로 생긴 분식집에 갔다. 막 개업해서인지 사람들이 꽤 붐볐다. 떡볶이를 맛있게 먹고 계산하는데 아이가 사장님에게 물었다.

“혹시 여기 주식 살 수 있나요?”

“응? 주식이라고?”

“네. 여기 떡볶이도 맛있고, 사람들도 많아서 앞으로 장사가 계속 잘될 것 같아요. 저도 여기 주식을 사서 투자하고 싶어서요. 주식 살 수 있나요?”

“아. 아줌마가 장사를 열심히 해서 꼭 주식 살 수 있게 해줄게!”

어느 날은 레고를 갖고 놀다가 이런 말도 했다.

"엄마, 내가 레고를 살 게 아니라, 레고를 만드는 회사 주식을 사는 게 더 좋겠는데요?"

"응? 그렇겠다. 민호처럼 레고를 좋아하는 아이들이 많을수록 레고 회사는 돈을 더 잘 벌 테니, 레고보다 그 회사 주식을 사면 돈도 더 벌 수 있겠다. 주식을 사서 번 돈으로 레고를 더 살 수도 있겠구나."

"아, 그렇네요. 좋은 회사의 주식을 사서 돈을 벌고, 그 돈으로 그 회사 물건을 사면 되겠네요. 내 돈으로 사지 말고요."

열두 살이 된 첫째에게 어느 날 내가 물었다.

"집에서 혼자 수학 공부하는 거 어렵지 않아?"

"어렵긴 한데 그럭저럭 할 만해요."

"민호가 원하면 학원에 다녀도 돼. 그런데 민호가 괜찮다면 학원비만큼의 돈으로 민호에게 주식을 사주려고 하거든. 대신 학원 다니는 것보다 더 열심히 해야 하겠지. 민호 생각은 어때?"

"엄마, 제가 열심히 공부할게요. 학원 대신 주식을 사주세요."

아이가 커갈수록 다양한 대화가 가능해졌다.

"엄마, 가격이 싼 주식이 좋은 거예요, 비싼 주식이 좋은 거예요?"

"주식은 언제 사고, 언제 파는 거예요?"

"돈 가치가 계속 떨어진다는데 왜 그런 거예요?"

"배당은 뭐예요? 저도 배당을 받고 있어요?"

아이가 또 어떤 질문을 해올지 몰라 자연스레 공부하게 되고, 공부하는 엄마를 따라 아이도 자연스레 스스로 공부를 했다. 얼마 전 방학이 끝나갈 무렵에 아들에게 물었다.

"민호야, 방학 숙제는 다 한 거니? 한번 확인 좀 해봐야 하지 않을까?"

방학 숙제를 점검하던 아들이 이렇게 말했다.

"엄마, 이건 숙제가 아니라 그냥 내 일상인데요? 따로 할 게 없어요. 독서 30분 이상, 운동 30분 이상, 부족한 과목 문제집 풀기……. 내가 매일 하는 것들인데요?"

"그래? 엄마는 재테크가 일상이고, 아들은 숙제가 일상이구나."

아이가 건강하고 올바른 투자자로 성장했으면 좋겠다. 지금은 엄마인 내가 대신 관리해주고 있지만 언젠가는 아이가 넘겨받아 직접 관리를 해야 할 때가 온다. 아무런 지식이나 준비 없이 넘겨받으면, 좌충우돌 헤맬 게 뻔하다. 그러니 지금부터 자본주의에 대해, 경제에 대해, 주식에 대해, 투자자의 마인드에 대해, 내가 공부한 것들에 대해 자주 대화하고 알려주려 한다. 그래서 10년 후, 20년 후, 시간이 지날수록 계좌와 함께 우리 아이의 경제 지식도 함께 불어나 있었으면 좋겠다.

가난을 대물림하면 안 되는 이유

EBS 다큐멘터리 〈뇌로 보는 인간 - 돈〉을 보면, 미국의 과학자 찰스 넬슨이 방글라데시와 같은 빈곤 국가 아이들의 뇌 발달을 연구한다. 몇 년에 걸쳐 방글라데시를 방문해서 연구한 결과, 아이가 3세가 됐을 때 눈에 띄게 아이큐가 낮아진다는 것을 발견했다.

평균 아이큐가 100 정도일 때 방글라데시의 아이들은 85 수준이었는데 더 심각한 문제는 생후 2개월만 돼도 뇌의 회백질 양이 적었다고 한다. 이는 뇌의 정보 처리 능력이 떨어진다는 것이고, 아이들의 지적 능력이 떨어지는 것을 의미한다.

더 나아가 다음 세대까지 영향을 미친다고 한다. 가난이 뇌에 영향을 미치고, 결국 가난은 계속해서 대물림된다는 얘기다.

부유한 나라에 사는 빈곤층도 마찬가지이다. 보스턴에 사는 빈곤층 어린이들을 대상으로 한 연구에서도 뇌 발달의 이상이 확인되었다. 소득과 교육 수준이 낮아 스트레스를 많이 받는 환경에 처해 있는 가정의 아기들을 2~24개월에 걸쳐 연구한 결과, 스트레스가 많은 가정환경일수록 아이의 뇌 활동이 줄어들었다고 한다. 가난한 환경과 높은 스트레스가 뇌에 영향을 미친다는 게 연구의 결론이다.

우리 아이들이 지금보다 나은 삶을 살길 바란다면 더는 가난을 물려주지 말아야 한다. 재산을 물려줘서 편안하고 안정된 삶을 살게 해주자는 게 아니다. 어학연수라도 보내주고, 결혼할 때 전세금이라도 보태주기 위해서 부자가 되자는 말이 아니다. 가난한 환경이 지능을 떨어뜨리고, 떨어진 지능으로 인해 더욱 가난의 굴레에서 벗어나지 못하기 때문이다. 이 악순환의 고리를 끊는 것은 우리에게 달려 있다.

당장 할 수 있는 한 가지가 있다. 스트레스를 덜 받는 환경을 만드는 거다. 가난 자체를 해결하는 데는 시간이 걸리지만, 스트레스는 노력으로 줄일 수 있다. 가족 간의 관계는, 삶을 대하는 태도는 충분히 바꿀 수 있다. 가진 것에 감사하고 만족하면서, 더 나은 삶을 향해 하루를 성실하게 살아내는 부모를 보며 자란 아이들의 뇌 활동은 절대 부정적일 수 없다.

더불어 아이들에게 부자들의 태도와 마인드를 보여줌으로써 부자의 DNA를 자연스럽게 물려줄 수 있다. 설혹 살아생전에 나는 부자가 못 된다 해도 DNA를 물려받은 우리 아이들은 부자, 반드시 될 수 있다.

MONEY CHANGES EVERYTHING

4
—

다시
일테크

부자들은 놀지 않는다

무에서 유를 창조한 것마냥, 물려받은 재산 1원도 없이 수백억 원의 자산을 일군 부자언니를 가까이서 지켜보니 이 언니는 절대 노는 법이 없다. 눈 뜨고 있는 내내 무언가 일을 하고 있다. 돈은 많은데 시간이 부족한 삶이다.

　뉴욕에 출장을 가면서도 5박 6일로 다녀온다. 우리는 뉴욕을 갈 기회가 생기면 (자주 못 가니까) 최소한 2주는 머물면서 엠파이어스테이트 빌딩도 가야 하고, 센트럴 파크도 다녀와야 하고, 자유의 여신상도 봐야 하고, 미술관과 박물관에 가서 인증샷도 남겨야 하는

데 말이다. 그러니 어쩌다 길게 쉴 기회가 생기면 땡빚이라도 내서 해외를 다녀와야만 한다.

부자언니 주변의 다른 부자들도 늘 바쁘다. 어떤 분은 이렇게 말했다. 잠잘 시간이 돼서 자는 거지 밤을 새워서 일하라면 하겠다고. 하루 일해서 벌어들이는 돈이 어지간한 사람의 연봉에 육박하니 허투루 쓸 시간이 없다.

그렇지만 시간 없다고 말하는 건 단 한 번도 들어보질 못했다. 부자들은 중요한 일에는 반드시 시간을 낸다.

많은 사람이 부자가 되고 싶은 이유로 경제적 자유, 해외여행, 전원생활, 자유로운 여가활동 등을 말한다. 무언가에 얽매이지 않고 쉼을 갖길 원한다. 세상 모든 부자를 만난 건 아니지만, 부자언니와 주변의 부자들을 보면서 깨달았다. 편안하고 안정적인 삶을 추구하면 부자가 될 수 없다는 것을.

부자들은 계속해서 자신의 한계를 만나고, 그걸 깨부수면서 성장하는 사람이었다. 성장의 대가로 부가 따라온 것이지, 부를 갖기 위해 살아온 게 아니었다. 이미 부자가 됐지만, 여전히, 끊임없이 성장을 추구하며 산다.

진정으로 부자가 되고 싶다면 월세 받아서 골프 치는 상상, 해외여행에서 느긋하게 수영을 즐기고, 쇼핑센터에서 명품을 잔뜩 사들이는 상상은 접어야 한다. 부자들의 여유로운 라이프를 즐기고 싶다면, 먼저 부자들처럼 제대로 일해서 성공해야 한다.

종잣돈을 모으고, 경제와 투자에 눈을 떴다면 이제부터는 다시 일테크다. 본업도 좋고, 하고 싶었던 일도 좋다. 해내고 싶은 일을 찾아서 성장하는 삶을 살자. 작게 시작하더라도 나만의 영역을 만들어 점차 키워야 한다.

요즘은 블로그, 인스타그램, 유튜브와 같이 인터넷이라는 세상에서 언제든 자신의 땅을 가질 수 있다. 물론 키우는 데는 시간이 필요하겠지만 얼마든 영역을 확장할 수 있다. 본업을 하면서 동시에 가능하다.

한때 수익을 발생시키는 파이프라인을 여러 개 만드는 게 유행처럼 번졌다. 회사에서 주는 월급, 블로그에서 발생하는 애드포스트 또는 체험단 수익, 주식이나 부동산 같은 투자에서 발생하는 자본소득 등등. 파이프라인이 몇 개인지를 경쟁적으로 이야기하는 유튜버들이 많았다.

하지만 나는 생각이 다르다. 개수가 많은 것보다 한 개를 가지더라도 크고 탄탄한 게 더 의미 있다. 가느다란 파이프라인 여러 개를 만들려고 애쓰지 말고, 지금 가진 파이프라인, 없다면 한두 가지 정해서 집중적으로 키우고 넓히는 게 훨씬 더 효율적이다.

돈은 남이 가져다주는 거라고 했다. 부자가 되고 싶다면, 부자들의 일테크를 제대로 하고 싶다면 남에게 도움이 되는 사업을 해야 한다. 나만의 취미, 자아실현을 목표로 하면 인생의 의미와 행복은 찾을지도 모른다. 하지만 부자가 되는 건 다른 이야기다.

만약 부자를 원한다면, 다른 사람에게 가치를 제공할 수 있는 일을 해야 한다.

자산이 10억 원이 되면서 회사를 그만뒀다. 자본소득으로 먹고 살면서 아껴 쓰면 되니까? 절대 아니다. 부자가 되고 싶은데 방법을 잘 모르는 사람들, 기본부터 다시 시작하고 싶은 사람들에게 작게라도 도움이 되고 싶었다.

그래서 재린이유치원이라는 강의를 만들었고, 무려 3,000명이 넘는 사람과 함께했다. 재린이유치원을 먼저 졸업한 학생은 멘토가 되고, 코칭을 해주고, 선생님이 돼서 신입생을 이끌어준다. 재린이유치원 덕분에 인생이 바뀌었다는 사람들, 카드빚을, 대출을 다 갚았다는 사람들, 1억 원을 원래보다 앞당겨 모았다는 사람들이 차고 넘친다.

나의 성장이 곧 다른 이의 성장이 될 수 있다는 건 어메이징한 일이다. 서로에게 엄청난 시너지를 줄 수 있다. 앞으로도 더 많은 사람을 만나고, 더 많은 사람과 함께하려면 할 일이 태산이다. 더 좋은 강의를 해야 하고, 더 좋은 선생님을 키워야 하고, 더 좋은 시스템을 만들어야 한다.

지루하고 힘든 이 부자 마라톤을 중도 포기하지 않게, 이벤트도 많이 만들어야 한다. 그러니 쉴 틈이 없다. 당연히 직장에 다닐 때보다 소득이 많을 수밖에 없다. 이제는 자본소득을 능가한 사업소득을 벌고, 돈보다 시간이 부족한 삶을 산다.

계속해서 도전하고 성장하자. 한계에 부딪혔을 때 새로운 기회가 열리고, 새로운 세상이 보인다. 마라톤을 하다 보면 데드포인트라고 더는 달릴 수 없을 만큼 극한의 고통과 위기감이 찾아오는 순간이 있다고 한다. 그런데 이 순간을 잘 넘기고 나면 세컨드 윈드가 찾아와 통증이 사라지고 오히려 호흡이 안정돼서 더 잘 달릴 수 있다.

사실 데드포인트는 우리 몸의 생존을 위해서 체력의 80% 정도를 썼을 때 뇌가 보내는 신호라고 한다. 아직 20%는 남아 있는데도 말이다. 위기의 신호를 이겨내고, 조금만 더 달려나간다면 그때 비로소 우리에게 성장의 문이 열린다.

살다 보면 번아웃, 무기력을 만날 때가 있다. 그럴 때 지금이 데드포인트가 아닌지 생각해보자. 세컨드 윈드를 만날 수도 있으니 말이다.

정글에서 살아남으려면

직장이 동물원이라면 사업은 정글이다. 평생 동물원에서 먹여주고 재워주는 대로 살면 좋을 수도 있지만, 현실에서의 직장은 언젠가 반드시 나오게 돼 있다. 어차피 나와야 한다면 젊을 때 나와야 정글에서 더 빨리 자리를 잡을 수 있지 않을까?

하지만 대책 없이 나올 수는 없다. 정글에서 살아남을 방법을 터득하고 나와야 한다. 그것이 자본소득을 만드는 시스템이건, 새로운 비즈니스건 뭐든 갖추어야만 굶지 않을 수 있다.

눈뭉치를 굴려서 눈덩이로 만드는 재테크를 계속 이어가는 한편, 이제부터는 비즈니스를 고민해야 한다.

투자에 앞서 모의투자를 했듯이 직장을 다니면서 사업을 연습하자. 스마트스토어로 세일즈를 경험할 수도 있고, 자신만의 콘텐츠를 개발해서 유튜브나 블로그에서 인플루언서가 될 수도 있다.

이런 이야기를 하면 공무원이라서 안 되고, 겸업 금지라서 안 된다고 말하는 사람이 꼭 있다. 하지만 시작하자마자 돈이 벌릴 리가 절대 없으니 겸업 금지 때문에 시도조차 하지 않겠다는 마음 대신, 미래를 위해 콘텐츠를 쌓고 경험을 늘린다는 생각으로 도전해보길 바란다.

직접 사업을 할 상황이 안 되거나 자질이 없다면, 잘될 사업에 참여하는 방법도 있다. 비상장 기업에 투자하거나, 비상장 기업에 직원으로 들어가 스톡옵션을 받는 방법도 있다. 정글에서 살아남을 수 있는 자신만의 사냥법을 찾는 게 중요하다. 이 역시 하루아침에 찾아지거나 개발되는 게 아니니, 다양한 경험을 쌓으면서 시도를 해보는 게 필요하다.

나는 직장에 다닐 때 새벽 5시에 일어났다. 가족들이 먹을 아침 식사를 준비하고 7시가 되기 전에 집에서 출발했다. 출근 시간은 9시였지만 한 시간 먼저 회사에 도착해서 강의 준비도 하고, 책을 내기 위해 원고도 썼다. 2018년부터 강의를 시작했으니 벌써 6년 차 강사다. 회사를 다닐 때부터 독립 준비가 시작된 셈이다. 이렇게 얘기하면 또 김운아는 뭔가 달랐겠지, 나는 안 되겠지 하고 생각하는 사람이 있을 것이다.

분명한 사실은, 2001년 고시원에서 밤낮으로 이력서를 쓰던 김운아는 특별하지 않았다. 첫 월급 150만 원 받고, 한 달에 30만 원씩 마이너스가 나던 김운아는 지극히 평범했다. 20년 전의 나는 재능도 재력도 노력도 부족한 그야말로 평범한 사람이었다. 아니, 평범 이하의 사람이었다.

지금 내가 이렇게 책을 쓰고, 자산을 불리고, 나만의 사업을 할 수 있게 된 건 20년 동안 아주 조금씩 달라졌기 때문이다. 이직할 기회를 찾아다니고, 돈을 불릴 방법을 찾아다녔고, 새로운 일에 도전했기 때문이다.

물론 그 과정에서 크고 작은 운이 함께해줬지만, 실행하지 않았다면 내 것으로 만들지 못하고 흘려버렸을 운이었다.

《아주 작은 습관의 힘》의 저자 제임스 클리어는 매일 1%씩 나아
진다면 1년 뒤에는 37배 성장할 수 있다고 얘기한다. 지금의 여러
분은 동물원을 박차고 나올 만큼의 용기가 부족할 수 있다. 정글에
서 살아남을 만큼의 체력이 아직은 부족할 수 있다.

하지만 매일 1%씩 준비한다면 반드시 해낼 수 있다. 정글은 험하
고 거칠지만, 자유가 있다. 부자가 될 자유다.

5억에서 10억 원으로 자산을 불릴 수 있었던 건
투자 정보 때문이 아니었다.
마이너스 때부터 다져진 멘털과,
위기를 알아볼 수 있었던 경제에 관한 관심,
그리고 무엇보다 종잣돈이 있기에 가능했다.

○ 5장 ○

MONEY CHANGES EVERYTHING

결과

돈은 모든 것을 바꾼다

더 이상
루틴하지 않은 삶

요즘 10억 원은 평생 놀고먹을 만큼은 고사하고, 서울에 내 집 한 채 마련하기에도 부족할 수 있지만, 적어도 나의 인생에는 커다란 변화를 가져왔다. 전에는 '예스 혹은 노'의 삶이었다면 지금은 오지 선다쯤의 선택지가 생긴 느낌이다. 회사를 퇴사하고, 새로운 사업을 시작하고, 노후를 위한 장기투자를 시작하고, 부동산에도 다시 관심을 기울이기 시작했다.

부자언니를 만나고 여기까지 오는 데 10년쯤, 서울 올라왔을 때부터 치면 20년 세월이다. 이제야 비로소 눈뭉치가 눈사람 머리 정도의 눈덩이는 된 것 같다. 20년 전의 내가, 10년 전의 내가 감히 상상할 수 없었던 삶을 살고 있으니 여기까지 온 나를 오늘만큼은 칭찬해주고 싶다. 물론 여기까지 운이 아니라 노력으로만 왔다고 할 수는 없다. 크고 작은 여러 번의 운이 분명히 있었다. 그러니 더욱 겸손해야 하고, 앞으로 더 겸손해져야만 한다. 하지만 운도 노력하는 자에게 더 자주, 더 크게 찾아간다는 것만큼은 확실하게 말할 수 있다. 돈이 없을 때는 돈이 없어도 괜찮다고 스스로를 다독이며 살았다. 하지만 어느 정도의 자산을 만들고 나서 돌아보니 그것은 가스라이팅이었다. 괜찮지 않으면서 애써 외면하고 합리화하면서 편하게 살고자 스스로에게 핑계를 댔던 것이다. 이제는 안다. 돈과 관련한 문제를 피하지 않고 정면돌파할 때 모든 것이 새롭게 시작된다는 것을.

평범한 사람이 어느 날 갑자기 사업가로 변신하기는 어렵다. 평범한 사람이 어느 날 갑자기 큰 부자가 되기는 쉽지 않다. 노동자가 자본가로 살려면 일테크와 짠테크, 재테크가 서로 시너지를 내야 한다.

이 지난한 시간을 견디고 버티면서, 코로나19와 같은 기회를 잡을 수 있다면 더는 루틴하지 않은 삶이 찾아온다. 더는 짠테크하지 않아도 되는 삶이 찾아온다. 더는 돈이 부족하지 않은 삶이 온다. 특별한 재주가 없더라도, 특별한 운이 없더라도 누구라도 부자가 될 수 있는 가장 확실하고 빠른 방법이다.

직장인으로 살던 20년 동안 늘 새벽 5시에 기상했지만 이제는 7

시에 일어난다. 매일 9시부터 퇴근 시간까지는 회사에 머물렀어야 했지만, 이제는 일하고 싶은 날, 일하고 싶은 시간에, 일하고 싶은 곳에서 일한다.

네이버에서 '자본가'를 검색해보니 이렇게 나온다.

"자신의 자본금으로 영리활동을 수행하는 경영자."

"통상 자본주의사회에서 자본, 즉 생산수단을 소유하고 노동력을 구매하여 이윤을 얻기 위해 상품의 생산활동을 주관하는 사람으로서 산업자본가를 지칭한다."

누구라도 자본가가 될 수 있다. 자신의 인생을 경영하고, 자신의 삶을 생산적으로 운영하는 사람이라면 라이프 자본가라고 볼 수 있지 않을까. 태어난 김에 사는 인생 말고, 태어났으니 후회 없이 살아보자.

꼭 50억, 100억 원이 있어야만 부자는 아니다. 꼭 부자가 돼야만 자본가로 사는 것도 아니다. 아직 부자는 아니더라도, 아직 경제적으로 자유는 없더라도 자본가로 사는 것만큼은 오늘부터도 가능하다.

헤르만헤세의 《싯다르타》에서 싯다르타는 자신은 빈털터리지만 곤궁한 것은 아니라고 말한다. 아직 가진 것이 많지 않아도 가난하게 살지 않을 수 있다.

남들이 정해놓은 기준에 맞춰 자신을 부자 혹은 빈자로 정의하지 말자. 남이 시키는 대로 일하지 말고 스스로의 선택을 점차 늘려가자. 삶의 무게중심을 자기 자신에게로 가져오는 것. 그게 자본가로 사는 삶의 첫 시작이다.

자본가의 삶으로 첫발을 내디딘 사람들, 재린이유치원을 통해 인생의 전환점을 만난 사람들이 실제로 겪은 이야기를 들으면 동기부여가 될 것이다. 2년여 동안 자본가로 거듭나기 위해 자신의 삶에 공을 들이고 있는 다섯 명의 친구를 소개한다.

인생의 해답을 타인에게서 구하지 않고, 꿀팁이나 비법을 찾아 헤매지 않고 스스로 찾아 나선, 존재 자체가 비법인 멋진 친구들이다.

그녀들이 인생의 걸림돌이었던 돈을 어떻게 관리하고 다루고 있는지, 그로 인해 인생이 어떻게 변했는지 지금 만나보자.

재유에서
터닝포인트를
만나다

부자되기, 허황된 얘기가 아니었다

2021년 4월, 재린이유치원 1기로 입학한 덕분에 인생의 터닝포인트를 맞이하고 열심히 부자로 성장 중인 결혼 10년 차, 직장인 3년 차 이주희입니다.

재린이유치원 입학 전의 저는 회사 스트레스를 돈 쓰는 재미로 해소하며 지냈답니다. 퇴근 후엔 누워서 드라마와 웹툰 보기, 휴가철마다 해외여행 가기, 명품 가방 검색하기, 계절마다 옷 사기, 네일 아트 받기, 맛집 다니기, 다이어트하기, 피부 관리 받기 등 남들에게 보이는 것에 신경을 쓰며 살았어요.

하지만 그렇게 월급을 다 쓰고 3년을 보냈어도 여전히 삶이 불만 족스러웠습니다. 회사를 다니는 게 힘들어서 정말로 퇴사하고 싶은데, 모은 돈이 없어서 계속 일을 해야 한다는 현실을 깨닫고 나니 계속 이렇게 사는 게 옳은 것인지 깊은 회의감이 몰려왔습니다.

돈을 모아 퇴사 후에 하고 싶은 일을 하며 살고 싶다는 마음으로 부자언니 유수진의 네이버 카페에 가입하게 됐고, 1년 반 동안《부자언니 부자특강》《부자언니 부자연습》등의 책과 유튜브로 방송을 보면서 혼자 따라 했어요.

며칠 바짝 하고 다시 풀어지는 삶을 반복하던 중 평범한 직장인에서 10년 동안 꾸준히 자산을 불린, 희망의 증거 김운아 원장님이 재린이유치원이라는 온라인 클래스를 시작한다는 소식을 접했습니다.

저에게 필요한 건 꾸준히 하는 것이었고, 그 비결을 알고 싶어서 반신반의하는 마음으로 입학을 결심했답니다. 단언컨대 재린이유치원에서 보냈던 한 달 동안 지금껏 아무도 가르쳐주지 않았던 부자가 되는 기초 생활습관을 배울 수 있었습니다.

또, 돈이 많은 부자에서 그치는 것이 아니라 선한 영향력을 나누는 멋진 부자가 돼야겠다는 목표까지 생겼어요.

나를 알아가고 내가 원하는 인생의 핏빛 목표, 그리고 그 목표를 이루는 방법을 생각하며 실제로 해낼 수 있다는 확신과 기대감이 생겼습니다. 누구나 부자가 될 수 있다는 건 뜬구름 잡는 허황된 이야기가 아니었습니다.

매달 로드맵을 그리다 보니 짠테크 · 일테크를 통해 로드맵에 적은 금액들을 실제로 만들 수 있다는 믿음이 생겼습니다. 로드맵을 통해 눈으로 볼 수 있으니 생활습관이 저절로 바뀌었습니다. 그리고 그것이 변화의 시작이었습니다.

스스로도 놀란 태도의 변화

재린이유치원을 졸업한 지 2년이 지난 지금의 저는 멋진 부자가 되기 위해 계속 노력하고 있어요. 기본적으로는 재린이유치원에서 받은 미션들을 매일 쭉 이어나가고 있고요.

저의 일과를 소개해드리자면, 매일 새벽 5시경에 일어나서 이불 정리를 하고, 온라인 독서 모임에서 30분간 독서를 합니다. 목표 생활비와 오늘 해야 할 일을 다시 확인한 후 출근 준비를 해요.

출근 시간에는 버스 안에서 경제 기사를 봅니다. 역시 버스 안에서 경제 기사를 보며 퇴근한 후에는 강의를 듣거나 독서를 하면서 부자가 되기 위한 기본 소양을 쌓아나갑니다. 잠자리에 들기 전에는 오늘 하루 감사했던 순간을 떠올리고 기록하며 감사함으로 하루를 마무리합니다.

주말에는 일주일간의 지출을 돌아보고, 다음 주 지출과 일정, 공부할 내용을 계획해요. 매월 말일에는 로드맵을 그리며 목표 저축액 달성 여부를 확인하고 다음 달을 계획합니다.

투두리스트를 완벽히 해내지 못할 때가 있지만 자책하진 않아요. 김운아 원장님이 말씀하셨듯이 하루는 하지 않아도 다음 날은 다시 하는 양치질처럼 뭉근하게 습관을 이어나가면서 멋진 부자로 성장하고자 마음을 먹었기 때문이에요. 이렇게 꾸준히 해나가자는 마음으로 부담 없이 일상 속 행동들을 바꿔나가니 생각도 저절로 바뀌었어요.

예전의 공허했던 마음은 의욕과 도전정신으로 채워졌습니다. 도전하며 성장해나가는 제 모습도 마음에 들어요. 그동안 부족하다고 구박했던 제 자신과 화해한 것 같아요.

또한 매년 저축액 및 투자 자산을 목표보다 15~20% 이상 불려나가고 있어요. 배운 대로 짠테크, 일테크, 재테크를 하다 보면 누구에게나 가능한 일이라고 생각합니다.

우선순위에 따라 해야 할 일을 계획하니 중요한 일들에 집중해서 시간을 보내요. 하루에 일정 시간의 노력이 쌓이면 한 달이면 많은 일을 해낼 수 있다는 것을 이젠 믿습니다. 제가 직접 해봤으니까요.

제일 신기한 점은 제 태도의 변화예요. 예전에는 힘들다고 투덜

거렸던 짠테크를 이제는 스트레스 없이 이어가고 있고, 재미없던 공부도 재린이유치원에서 만난 부자 메이트들과 함께 즐기면서 하고 있어요.

이제 저는 성장을 위한 기회에 적극적으로 도전합니다. 나서는 걸 싫어하는 제가 재유 레터 · 재린이유치원 TV · 재유 블로그 팀에서 적극적으로 활동하고 있습니다. 이런 변화가 제 자신도 신기하고 남편도 놀랄 정도랍니다.

저의 변화와 노력이 2년이 지난 지금까지 이어졌던 가장 큰 이유는 약 3,000명의 재린이유치원 동문과 멋진 롤 모델이 돼주시는 선생님들, 김운아 원장님과 '함께'하기 때문이에요. 재린이유치원은 서로의 절약을 격려해주고, 작은 성공에도 함께 기뻐해주며, 슬픈 일은 나누는 끈끈한 유대감과 함께 성장해나가는 신기한 곳이에요.

앞으로도 재린이유치원에서 함께 부자로 성장해나가고 할머니가 돼서도 즐겁게 부자의 길을 걷고 싶습니다.

마이너스 인생에서 플러스 인생으로

엉망진창 내 통장

안녕하세요. 서른여섯 살 하윤지라고 합니다. 이제부터 제 이야기를 들려드릴게요.

재린이유치원 김운아 원장님을 만나기 전, 우리 가족의 재정 상태는 아주 엉망이었습니다. 남편 혼자 버는 외벌이 가정이었고 지출 통제가 전혀 되지 않았습니다. 외식과 배달 음식을 자주 이용했고 이웃집에서 해외여행을 가면 따라서 비행기 표를 끊는 그런 생활이었습니다.

툭하면 모바일 앱으로 옷과 가방 등을 샀고, 하나밖에 없는 소중한 아들 기죽이기 싫어서 부족함 없이 소비해야 한다는 철없는 생각을 하곤 했습니다.

마이너스 통장을 만든 뒤부터는 더욱 빠른 속도로 빚이 불어나기 시작했습니다. 마이너스 통장과 급여 통장을 같은 계좌로 사용하다 보니 그 통장이 써도 써도 계속 돈이 생기는 화수분같이 느껴졌어요. 그러다 보니 돈 쓰는 것에 대한 죄책감이 무뎌지고, 소비욕을 점점 통제하기 힘들어졌습니다.

그러던 어느 날, 아이가 다니는 유치원 엄마들끼리 브런치를 즐기던 중 신규 아파트 청약에 관한 이야기를 듣게 되었습니다. '설마 되겠어?'라는 생각으로 묻지 마 청약을 넣었습니다. 그런데 덜컥 당첨이 되었어요.

기대가 전혀 없었던 터라 계약금조차 없었습니다. 그제야 우리 부부는 머리를 맞대고 앉아서 자산 상황을 정리하기 시작했습니다. 불안했던 마음이 현실이 되었습니다. 통장에 찍혀 있던 금액은 마이너스 7,000만 원. 충격이었습니다.

이렇게 살다간 30년 후쯤에는 거리에 나앉을 수도 있겠다는 불안감이 몰려왔습니다. 주변을 돌아보니 지인들은 이미 재테크를 열심히 하고 있었어요. 저도 재테크가 절실히 필요함을 느꼈습니다. 여러 가지 방법을 찾던 중에, 김운아 원장님을 만나게 됐습니다.

부자가 되려면 먼저 라이프스타일을 바꿔야 한다는 원장님의 말씀을 그대로 하나하나 실천해보았습니다. 빚을 상환하는 1년간은 오로지 생존을 위한 소비만 했습니다. 불필요한 소비는 전혀 하지 않았습니다. 그렇게 했더니 1년 만에 마이너스 대출이 모두 갚아지더라고요. 2023년에는 새 아파트에 무사히 입주할 수 있었고요. 물론 주택담보대출이라는 빚이 생기긴 했지만요.

이제는 지출을 충분히 통제할 수 있고, 종잣돈도 차곡차곡 모아 작지만 투자도 시작했습니다. 제가 빚을 상환하고, 종잣돈까지 모을 수 있었던 방법을 구체적으로 소개해보겠습니다.

식비 줄이기

주부로서 제가 가장 손쉽게 줄일 수 있었던 부분은 바로 식비였습니다. 외식과 배달 음식을 대폭 줄이고, 주 단위로 식단을 짜고, 하루 동안 쓸 수 있는 예산을 정하여 식재료를 구매했습니다. 그렇게 하니 전에는 100만 원 정도 지출되던 식비가 50% 이상 줄어드는 것이 눈에 보였습니다.

식비를 줄이고 나니 다른 것들을 지출할 때 더 심사숙고하게 되어 다른 지출까지 줄이는 효과를 얻을 수 있었습니다. 예전 같았으면 5만 원짜리 옷을 가볍게 샀겠지만, 이 돈이면 우리 가족이 3일을 살 수 있는 돈이라는 생각이 들어 쉽사리 못 쓰겠더라고요.

조금은 불편하게 살기

또 원장님께서 알려주셨던 방법 중 하나는 조금 불편하게 사는 것
이었습니다. 아이 학교와 집 계약 문제로 1년 동안 월세로 산 적이
있는데, 에어컨 이전 설치 비용이 과하더라고요. 그래서 가족들과
상의 후 1년은 에어컨 없이 살아보았습니다. 무더운 여름에 에어컨
없이 생활한다는 것이 참으로 힘들고 불편했지만, 차가운 얼음주머
니를 끌어안고 아이와 선풍기를 쐬던 추억은 두고두고 남을 것 같
습니다. 물론 에어컨 설치 비용은 그대로 대출을 상환했지요.

각종 고정비 줄이기

제가 빚을 줄이기 위해서 가장 신경 썼던 부분은 고정비를 줄이는
것이었습니다. 일단 지금까지 아무 생각 없이 지출했던 보험을 재
설계했습니다. 그동안 3인 가족으로 매월 90만 원 정도를 보험비
로 지출하고 있었더라고요. 매달 빚을 내서 보험금을 내는 꼴이었

습니다.

그래서 꼼꼼히 보험 내용을 살펴보고 우리 가족에게 불필요한 보험은 약간의 손해를 보더라도 해지하였습니다. 현재는 약 27만 원을 보험비로 내면서 약 65만 원을 더 저축할 수 있게 됐습니다.

또한 각종 렌털 서비스와 통신 서비스를 해지하거나 가성비 좋은 상품들로 변경하여 매달 들어가는 고정비 지출을 대폭 줄였습니다.

전세비용 줄이기

원장님의 수업을 들으면서 가장 먼저 한 일이 심플라이프 실천이었습니다. 처음에는 이것이 재테크와 무슨 상관이 있나 생각했는데, 집을 정리하다 보니 과거의 소비 패턴이 이제야 파악이 되면서 스스로 반성하는 시간이 되었습니다. 많은 물건을 처분하고 나니, 우리가 살고 있는 집이 3인 가족에게 좁지 않은 평수임을 깨달았습니다.

예전에는 집이 좁게 느껴졌거든요. 금리도 낮으니 대출을 더 받아서 큰 집으로 이사를 하는 게 문제라는 생각조차 하지 않았습니다. 매달 나가는 대출이자를 아끼면 종잣돈을 더 빨리 모을 수 있었을 텐데 말이에요.

그래서 과감하게 더 작은 집으로 전세를 옮겼고, 이때 남긴 돈으로 대출을 일부 갚게 되면서 더 빠른 속도로 빚을 상환할 수 있었습니다.

대출이 줄어드는 것이 눈에 보이자, 더욱 아껴서 종잣돈을 만들고 싶은 욕심이 조금씩 생겼습니다. 그래서 그 후로는 오로지 빚을 갚겠다는 일념으로 악착같이 아끼고 모아 대출을 모두 상환하고, 저축도 조금씩 시작하게 됐습니다.

결국 처음에 세웠던 대출 상환 계획보다 3년 이상을 앞당겨 빚을 모두 상환했고, 지금은 종잣돈 1억 원 모으기에 도전 중입니다.

카드빚을 걱정하는 삶보다는 계획하는 삶을 살고 조금씩 자산을 모아가는 삶이 얼마나 행복한지는 비교할 수 없을 정도입니다.

김운아 원장님 덕분에 귀 얇기로 유명하고 멘털이 약한 저도 이렇게 할 수 있었습니다. 지금은 김운아 원장님과 함께 일도 하고 있습니다. 결혼 후 쭉 경단녀로 살아왔는데 할 수 있는 일이 생겼고 소득도 생겼어요. 더구나 저와 같은 상황에 있었던 분들과 함께하면서 도움을 드릴 수 있는 일이라 더욱 좋습니다.

앞으로도 초심을 잃지 않고 원장님이 가르쳐주신 대로 저의 부자 로드맵을 달성해나가려고 합니다. 이 길을 더 많은 분과 함께하면 좋겠습니다.

인간 개복치에서
인간 로봇으로

저는 스물일곱 살 김예현이라고 합니다. 재린이유치원을 시작하기 전, 지인들 사이에서 제 별명은 인간 개복치, 유리 몸, 쿠크다스 멘털, 수도꼭지였습니다. 몸도 자주 아프고, 멘털도 약해서 자주 무너지고, 툭하면 울고 있는 그런 사람이었기 때문입니다.

그런 제가 2021년 7월에 재린이유치원을 졸업하고 나서 새로 얻은 별명은 놀랍게도 '로봇'입니다. 특히 최근에 업무적으로 알게 된 분들 사이에서 얻은 별명인데요. 이유를 물어보니 심각한 상황이 생겼을 때도 감정적으로 동요하지 않고 차분하게 대응하는 모습을 보고 그런 생각을 하셨다고 하더라고요.

열심히 한 것에 대해 인정받지 못한 서러움, 다짜고짜 화부터 내는 사람에 대한 분노 등 감정을 터트릴 만한 요소는 분명히 전과 똑같은데, 지금은 그러한 감정에 휘둘리지 않습니다.

예전 같았으면 회사에서부터 이미 울기 시작해서 며칠을 내리 집에서 앓아누웠을 만한 일에도 동요하지 않습니다. 오히려 화를 내거나 울고 있는 동료들을 독려하며 팀을 이끌고 있으니 정말 놀라운 변화입니다.

이러한 변화의 가장 근본적인 이유는 바로 재린이유치원을 통해 제 자신이 엄청나게 변화했기 때문이라고 생각합니다. 예전의 저는 한 번도 땅에 다리를 딛지 못하고 표류하는 인간처럼 이리 휩쓸리고 저리 휩쓸리는 삶을 살아왔습니다.

그런데 인생에서 처음으로 내가 가진 소중한 것과 내가 앞으로 추구해야 할 가치를 고민해보게 됐습니다. 그러면서 내가 가진 것에 대해 감사하게 되고 앞으로 어떤 방향으로 나아가야 할지를 명확히 알게 됐습니다.

또, 매달 업데이트하는 로드맵을 통해 명확한 이정표가 생기니 더는 하루하루가 불안하지 않고 흔들리지 않게 됐습니다.

재린이유치원에서 내주는 모든 과제가 다 소중하지만, 저에게는 우선순위 정하기와 쓸쓰안쓰 정하기가 가장 소중했습니다. 정말로 오랜 시간 처음으로 나에 대해 고민해볼 수 있게 해준 과제를 통해 제 인생의 큰 터닝포인트를 맞이했다고 생각합니다.

로봇이라는 별명을 얻게 된 것도 이 과제들을 통해 제 인생에서 정말 중요한 것이 무엇인지 우선순위를 정했기 때문입니다. 지금은 다른 사람의 평가에 울고 있을 시간이 없어요.

'울고 있을 시간이 어디 있어? 그럴 시간에 빨리 감정을 털어내고 일테크에 집중해서 로드맵을 사수해야 한다!'

이렇게 정신 무장을 하게 됐습니다.

그러다 보니 직장에서 인정도 받고, 자존감도 높아졌습니다. 하루하루 부자의 길로 다가서게 해주는 회사생활을 이젠 즐겁게 하고 있습니다.

MONEY CHANGES EVERYTHING

5
—

고마워, 내 자신!
수고했어, 오늘도!

안녕하세요. 올해 서른 살이 된 이은경입니다.

예전에 저는 저를 정말 좋아하지 않았습니다. 다리가 마음에 안 들어서 시술을 고민하고, 회사 동료들보다 집안 형편이 매우 좋지 않아서 자격지심에 같이 명품 매장 구경 갔다가 명품을 사기도 하고, 또 지적 허영심을 채우기 위해 스페인어에 중국어에 영어에, 학원도 참 많이 등록했네요. 항상 남들보다 요만큼씩 모자란다고 생각하며 살아왔어요.

그랬던 제가 지금은 저 자신을 썩 괜찮은 인간이라고 생각하게 됐습니다. 이 모든 게 매일 밤 하는 감사 덕분입니다. 처음에는 감사 일기 쓰기를 하면서 정말 많은 의문이 들었어요.

'이게 과연 부자가 되는 데 어떤 도움이 되기에 하라고 하는 걸까?'

정말 이해가 안 됐지요. 하지만 과제이니 해야겠다는 생각으로 나를 향해 감사를 보냈습니다. 그렇게 감사 일기를 쓰다 보니 저 자신이 정말 멋지고 귀한 사람이라고 생각하게 됐어요.

그러다 보니 삶의 많은 부분이 변해서 귀한 나를 푸대접하는 사람과의 관계는 명확하게 정리할 수 있었습니다. 나의 권리에 대해 조금 더 당당하게 요구할 수도 있게 됐고, 업무에서도 자신감 있는 태도로 좋은 평가를 받게 됐습니다.

또, 자신을 사랑하다 보니 쓸모없는 지출도 많이 줄었어요. 예전에는 피부과와 비싼 옷과 명품 가방 등 '없어 보이지 않게' 하는 것에 초점을 두고 소비를 했는데, 지금은 나에게 정말 좋은 음식, 좋은 경험을 주는 것에 소비하고 있어요. '남이 보는 나'가 아니라 '내가 아는 나'가 더 중요하다는 걸 이제는 안답니다.

이러한 변화가 저의 인생에 정말 좋은 결과를 하나 가져다주었는데, 그건 바로 정신과 약을 엄청나게 줄였다는 거예요. 저는 스무 살 때부터 소녀 가장으로 살아왔습니다. 부모님이 진 빚으로 인해, 제가 일하는 회사까지 찾아온 빚쟁이들에게 회사생활 못하게 만들겠다는 협박도 받았습니다. 그 밖에도 힘든 일들이 많았어요. 파란만장한 시절이었습니다.

워낙 스트레스가 많은 삶을 살아왔기 때문인지 회사에서 받는 스트레스를 견딜 수가 없었습니다. 그래서 오랫동안 우울증과 공황장애 약을 먹고 있었습니다. 감기도 심하면 병원을 자주 가듯이 정신과도 증상이 심하면 자주 가야 한다는 사실, 혹시 알고 계신가요?

저는 재린이유치원을 하면서 병원 가는 주기가 사흘에서 일주일로 늘어났고 지금은 한 달에 한 번씩만 가고 있습니다. 이번에 약을 받으면서는 의사 선생님에게 이런 말을 들었어요.

"계절이 바뀔 때 감정의 변화가 크지 않으면 약을 중단해도 좋을 것 같습니다."

아마도 봄이 되면 몇 년간 다녔던 병원을 이제 졸업하지 않을까 싶은 생각이 드네요.

아직은 초보 재린이라 가끔은 무너질 때도 있고, 지금처럼 회사가 극도로 바쁜 시즌에는 루틴을 제대로 못할 때도 많습니다. 그래도 재린이유치원이 있어서, 그리고 우리 팀원들이 있어서 언제나 제자리로 돌아올 수 있는 든든한 집이 있는 것 같아요.

앞으로도 조금은 옆으로 샐 때가 있겠지만 언제나 돌아올 수 있는 든든한 재린이유치원을 생각하며 로드맵을 따라 열심히 세상에 두 다리 딛고 전진하는 삶을 살겠습니다.

짠테크의 여왕에
등극하다

카드 연회비만 수십만 원

마흔한 살 유지혜라고 해요. 저는 예전에 가계부라는 것을 써본 적이 없었습니다. 지출 정산을 해본 적도 없었지요. 당연히 내 수입이 정확히 얼마인지도 몰랐고, 지출도 대충으로만 알고 있었습니다. 짠테크라니, 그게 뭘 하는 것인지도 몰랐습니다.

지출은 대부분 신용카드로 이뤄졌습니다. 지갑은 신용카드로 빽빽하게 채워져 있었어요. 혜택이 좋다는 신용카드는 카드회사별로 다 만들어 사용했거든요. 그러니 카드 연회비로만 수십만 원씩 나갔습니다.

쇼핑 애플리케이션을 여러 개 깔고 핫딜 알림이 올 때마다 구매하고, 대형마트에 가면 할인한다는 이유로 생필품 등을 사들이곤 했습니다. 그때는 아무 계획이 없었어요. 어차피 사용할 물건이니 쌀 때 미리 사두면 좋은 거로 생각했고, 물건을 살 때면 고민의 과정을 거치지 않았습니다. 살까 말까 망설이지 않고 카드를 긁었습니다. 이제 와 돌아보면 불필요한 소비였는데 그때는 필요한 소비라고 생각했어요.

문득 이렇게 살아선 안 되겠다는 생각이 들더군요. 그래서 나도 가계부를 써볼까 하고 가계부를 샀습니다. 하지만 한 달도 못 쓰고 그만두고 말았어요. 가계부는 안 쓰더라도 좀 아껴 쓰자고 생각하기도 했지만 역시 얼마 못 가 포기했어요.

그러던 중 재린이유치원을 알게 됐습니다. 일단 분명한 목표를 세우고, 짠테크를 시작했습니다. 고정비를 줄이기 위해 OTT와 쇼핑 구독을 전부 해지하고, 휴대전화도 알뜰폰으로 바꾸었습니다. 신용카드는 필수 고정비 결제 용도와 비상 용도로 딱 하나만 남기고 모두 해지했습니다.

지출 정산도 처음 해보았습니다. 재린이유치원에서 알려준 대로 카드명세서를 보고 분석을 했더니, 대형 마트에서 한 번에 30~40만 원씩 쓰고 있더군요. 식비로는 한 달에 평균 40만 원 이상을 지출하고 있었습니다. 저는 식비부터 줄이기 시작했습니다.

2022년에 재린이유치원을 졸업한 뒤로도 줄어든 식비를 계속 유지하고 있습니다. 어린아이 둘과 부부, 4인 가족이 한 달에 쓰는 식비가 평균 15만 3,000원으로 크게 줄었습니다. 식비에는 식자재비는 물론 외식과 간식비도 포함됩니다. 저도 믿어지지 않을 만큼 식비를 절감할 수 있었던 건 재린이유치원에서 배운 대로 실천했기 때문이에요.

돈도 계획을 세워 써야 하듯 음식도 즉흥적으로 먹으면 안 되겠더라고요. 식단을 짜는 것이 많은 도움이 됐습니다. 주말마다 다음 주 식단을 짜서 식단대로 음식을 했고, 냉장고에 있는 식재료를 정리해서 먹었어요. 대량 구매도 하지 않고, 간식과 주류는 되도록 사지 않았습니다.

양가에서 챙겨주시는 식재료며, 음식이 큰 도움이 됐습니다. 전에는 감사하다는 생각보다는 당연히 여기거나 살짝 귀찮기도 했는데, 짠테크를 시작하면서부터 진심으로 감사히 받아서 알뜰하게 챙겨 먹고 있습니다.

로드맵보다 빠른 속도로 모은 1억 원

짠테크는 지치지 않고 꾸준히 하는 것이 중요하더라고요. 그래서 예산을 짤 때는 신중하게 생각했습니다. 필요한 지출과 불필요한 지출이 무엇인지 고민을 많이 했어요, 가정의 평화도 중요하기에 가족들과도 충분히 상의해서 예산을 세웠습니다.

그렇게 고심해서 예산을 정했는데 지키지 않으면 무슨 소용일까요. 예산은 스스로와의 약속이기도 해서 지키려고 항상 노력했습니다. 그렇게 살면 스트레스가 쌓이지 않느냐고 물으신다면, 비법을 하나 알려드릴게요.

꼭 돈을 쓰고 싶은 곳이 있다면 충동적으로 쓰지 않고 미리 예산으로 잡아놓는 것입니다. 그렇게 하면 일정 금액을 지출해도 스트레스가 없을 뿐만 아니라 오히려 짠테크를 꾸준히 할 수 있게 해주는 원동력이 된답니다.

맞벌이를 하고 있지만 남편은 자영업자라 수입이 불규칙한 편이에요. 그래서 남편 수입을 고려하지 않고 제 수입만으로 예산을 짜고 저축 목표를 정하고 있습니다.

최근에는 주변에서 자꾸 짠테크의 여왕이라고 불러주시는데요. 감정소비 욕구가 올라오다가도 '짠테크의 여왕답게 소비해야지' 하며 다시 한 번 생각하게 됩니다.

짠테크를 시작하기 전에는 자가 주택과 자동차 외에 투자 자산으로 1억 원이 있으면 부자라고 생각했습니다. 2021년에 단기 로드맵을 처음 그려봤을 때 2023년 말에 1억 원을 달성할 걸로 예상했는데, 2023년 1월에 투자 자산 1억 원을 모았습니다. 예전에 제가 생각했던 부자의 기준을 충족한 셈이지요.

이제는 더 큰 목표가 생겼어요. 그 목표를 이루기 위해 꾸준히, 뭉근하게 노력하고 있습니다.

에필로그

가난했던
아빠가 물려주신
위대한 유산

2005년 가을 끝자락에 아빠는 간암으로 돌아가셨다. 마지막까지 가난하게 살다가 돌아가신 아빠에게, 남겨준 유산이라고는 빚밖에 없는 아빠에게 화가 났다. 생전에 다정하고 따뜻한 말 한 마디 주고받지 못했던 아쉬움보다, 내 앞에 남겨진 가난에 대한 분노가 더 컸다.

마흔 하고도 중반이 되어서야 깨달았다. 아빠는 빚만 남기고 떠나신 게 아니었다. 내게는 아빠로부터 물려받은 위대한 유산이 있었다.

아빠는 늘 자기 자신보다 함께 일하는 이들을 먼저 챙겼고, 남들을 짓밟고 이익을 추구하기보다는 손해 보는 쪽을 마음 편해했다.

아빠는 성실하셨다. 돈을 받지 못해도 다시 일을 하러 나갔고, 사기를 당해도 다음 날 일을 했다.

이제 어떻게 먹고살 거냐며 엄마는 아빠를 타박했다. 아빠의 대답은 한결같았다.

"다시 시작하면 돼."

고시원과 원룸을 전전하던 20대에서 워킹맘으로 종종거리던 30대를 지나, 40대 중반에 파이어를 할 수 있었던 건 결국 아빠에게 물려받은 DNA 덕분이었다. 비록 나아지는 게 없더라도 결코 포기하지 않고, 가난이 마음을 짓누를 때도 긍정적이기 위해 노력했던 아빠의 모습이 내 안에 있다는 걸 알았다.

그동안 투자에 실패해도 남 탓을 하지 않았다. 좌절해도 다시 시작했고, 힘이 들 때도 웃음을 잃지 않으려고 노력했다. 누군가에게 도움이 될 수 있다면 손을 내밀 줄도 알았다. 아빠가 남겨주신 위대한 유산이다. 덕분에 지금까지 성장해올 수 있었다.

아빠의 삶은 비록 가난으로 막을 내렸지만, 아빠의 소울은 나에게 남아 부자의 길로 한 발 한 발 나아가게 하고 있는 것이 아닐까.

이 책을 읽으면서 부자가 되기로 결심했다면, 결코 포기하지 말자. 오늘 하루를 의미 있게 보낼 때마다 당신의 뼈에는 부자 DNA

가 새겨질 테니 말이다. 그렇게 하루하루 지나는 동안 각인된 부자 DNA는 사라지지 않고 이어진다.

당신의 성장은 당신에서 끝나지 않는다. 그것은 당신이 사랑하는 가족에게 씨앗을 심어주는 일이다. 그러니 아직 늦지 않았다. 부자가 되기 위해 첫 발을 내디딜 수 있는 가장 빠른 날이 바로 오늘이다. 혹여 내가 부자가 되지 못하는 일이 벌어진다 해도, 당신이 남긴 씨앗은 반드시 열매를 맺는다.

혼자서는 엄두가 안 난다면, 누군가의 응원과 지지가 필요하다면, 재린스라이프에 합류해도 좋다. 앞서가는 사람을 보면서 자극을 받고, 뒤에 오는 사람을 끌어주면서 함께 성장할 수 있다.

이 책이 시작할 수 있는 용기와 포기하지 않을 끈기를 불어넣어줬기를 감히 소망한다. 단 한 명이라도 이 책을 계기로 첫발을 내디뎠다면 나에게는 엄청난 선물이다. 단 한 명에게라도 새로운 여정의 나침반이 된다면 그것만으로도 나에게는 엄청난 감동이다. 단 한 명에게라도 터닝 포인트가 된다면 나에게는 엄청난 감사다.

원고를 쓰기 시작한 지 무려 3년이 지났다. 노트북에서 표류하던 원고가 세상에 나올 수 있도록 해준 재린이유치원 졸업생들에게 진심으로 감사를 표한다. 그분들의 성장이 증거가 돼주었고 그분들의 성취가 감동을 주었기에 특별한 비법이 없는 이야기가 특별할 수 있었다.

10여 년의 시간 동안 끊임없이 성장할 수 있도록 자극제가 돼준 부자언니와, 이 책을 만드는 데 도움을 주신 한경BP와 윤효진 편집자님, 이진아 대표님께도 진심으로 감사의 말씀을 전한다.

마지막으로 책을 쓰는 동안 불평 없이 살림을 도맡아준 남편과 엄마를 기다려준 두 아들에게도 진심으로 감사와 사랑을 보낸다. 부디, 나의 이야기가 세상에 작은 희망이 될 수 있기를 바라면서 원고를 마친다.

부의 시작점에 선 당신에게

돈은 모든 것을 바꾼다

제1판 1쇄 발행 ㅣ 2023년 12월 21일
제1판 3쇄 발행 ㅣ 2024년 1월 5일

지은이 ㅣ 김운아
펴낸이 ㅣ 김수언
펴낸곳 ㅣ 한국경제신문 한경BP
책임편집 ㅣ 윤효진
교정교열 ㅣ 김문숙
저작권 ㅣ 백상아
홍 보 ㅣ 서은실·이여진·박도현
마케팅 ㅣ 김규형·정우연
디자인 ㅣ 권석중
본문디자인 ㅣ 디자인 현

주 소 ㅣ 서울특별시 중구 청파로 463
기획출판팀 ㅣ 02-3604-590, 584
영업마케팅팀 ㅣ 02-3604-595, 562   FAX ㅣ 02-3604-599
H ㅣ http://bp.hankyung.com   E ㅣ bp@hankyung.com
F ㅣ www.facebook.com/hankyungbp
등 록 ㅣ 제 2-315(1967. 5. 15)

ISBN 978-89-475-4933-2 03320